AF499144

ORDONNANCE DU ROY,

Portant réglement pour le payement des Troupes de Sa Majesté.

Du premier Février 1751.

DE PAR LE ROY.

SA MAJESTÉ jugeant néceſſaire de réunir dans une ſeule ordonnance ce qu'Elle a réglé pour le payement de ſes troupes, tant à l'occaſion des réformes que depuis, Elle a ordonné & ordonne ce qui ſuit:

ARTICLE PREMIER.

GARDES-FRANÇOISES. Compagnies de Grenadiers.

CHACUNE des trois compagnies de Grenadiers du régiment des Gardes-françoiſes, composée d'un Capitaine, deux Lieutenans, deux Sous-lieutenans, deux Enſeignes, & cent dix hommes, dont ſix Sergens, trois Caporaux, neuf Anſpeſſades, quatre-vingt-huit Grenadiers, & quatre Tambours, ſera payée ſur le pied de trois cens ſoixante livres huit ſols par mois au Capitaine, deux cens vingt-cinq livres ſeize ſols huit deniers à chaque Lieutenant, cent dix livres huit ſols quatre deniers à chaque Sous-lieutenant, soixante-treize livres six sols huit deniers à chaque Enseigne, quarante livres un sol huit deniers à chacun des cinq premiers Sergens, trente-huit livres quinze sols au sixième Sergent, vingt-deux livres cinq sols à chaque Caporal, dix-neuf livres quinze sols à chaque Anspessade & Tambour, seize livres quinze sols à chaque Grenadier; pareilles seize livres quinze sols pour la paye du Major, dix livres quinze sols pour celle du Commissaire; & seize livres quinze sols pour chacune des douze payes de gratification que Sa Majesté accorde au Capitaine, sa compagnie étant compléte de cent dix hommes, huit seulement à cent quatre jusqu'à cent neuf, & rien au-dessous dudit nombre de cent quatre hommes.

Compagnies de Fusiliers.

Chacune des trente compagnies de Fusiliers, composée d'un Capitaine, un Lieutenant, un premier & second Sous-lieutenans, deux Enseignes, six Sergens, trois Caporaux, neuf Anspessades, cent quatre Fusiliers & quatre Tambours, sera payée sur le pied par mois, de deux cens cinquante-cinq livres au Capitaine, cent soixante-dix livres seize sols huit deniers au Lieutenant, quatre-vingt-cinq livres huit sols quatre deniers à chacun des premier & second Sous-lieutenans, cinquante-cinq livres à chaque Enseigne, trente-cinq livres dix-huit sols quatre deniers à chacun des quatre premiers Sergens, trente-quatre livres quatre sols deux deniers à chacun des deux autres, dix-huit livres dix-huit sols quatre deniers à chaque Caporal, dix-sept livres cinq sols à chaque Anspessade & Tambour, quatorze livres quinze sols à chaque Fusilier; pareilles quatorze livres quinze sols pour la paye du Major, dix livres quinze sols pour celle du Commissaire; & pareilles dix livres quinze sols pour chacune des douze payes de gratification que Sa Majesté accorde au Capitaine, sa compagnie étant compléte de cent vingt-six hommes, les Officiers non compris, ne devant en recevoir que six sa compagnie étant à cent vingt jusqu'à cent vingt-cinq inclusivement, & rien au-dessous dudit nombre de cent vingt hommes : il sera remis en outre à chacun desdits

Capitaines trente sols par jour, pour appointer les trente meilleurs Soldats de sa compagnie.

A l'égard des Officiers de l'Etat-major dudit régiment, ils continueront d'être payés de leurs appointemens suivant les états que Sa Majesté en fera expédier. *Etat-major.*

II.

GARDES-SUISSES. Compagnies.

CHACUNE des douze compagnies du régiment des Gardes-suisses, réduite par ordonnance du 30 octobre 1750, à deux cens hommes, les Officiers compris, sera payée à raison de vingt livres six sols par mois pour chaque homme, & pour chacune des trente payes de gratification que Sa Majesté accorde au Capitaine sa compagnie étant de cent soixante-quinze hommes & au-dessus, jusqu'au complet de deux cens hommes : Sa Majesté trouve bon aussi de faire payer au Capitaine la somme de cent quarante-deux livres deux sols par mois, pour appointer les Porte-outils, & les plus anciens & plus apparens Soldats de sa compagnie. Au moyen de quoi ledit Capitaine doit avoir & entretenir un Lieutenant, à raison de cent cinquante livres par mois, un second Lieutenant à cent vingt livres, un Sous-lieutenant à quatre-vingt-dix livres, & trois Enseignes à soixante-quinze livres chacun, deux Sergens à trente-cinq livres chacun, trois autres Sergens à trente livres, & trois autres à vingt-cinq livres, un Chirurgien à trente livres, quatre Trabans, six Tambours, un Fifre, six Caporaux, six Appointés, & cent soixante-un Soldats : Sa Majesté ayant aussi réglé qu'outre les Officiers ci-dessus, les Capitaines qui auront des régimens, seront tenus d'avoir un Capitaine-lieutenant, pour commander leur compagnie, qu'ils payeront à raison de deux cens livres par mois.

Trois payes de gratification d'augmentation par compagnie.

Sa Majesté s'étant expliquée par son ordonnance du 16 janvier 1745, que le septième Officier qui a été mis d'augmentation dans chaque compagnie, avec le titre de troisième Enseigne, ne seroit conservé à la paix que jusqu'à ce que l'un des emplois des six Officiers existans dans la même compagnie, viendroit à vaquer;

Elle veut bien qu'en attendant l'extinction de ce septième Officier, le Capitaine reçoive pour son entretien au par-dessus des trente payes de gratification qui lui sont ci-dessus accordées, trois payes de plus, de vingt livres six sols chacune par mois, lesquelles cesseront de lui être payées du jour que ledit Officier sera éteint ou remplacé, & qu'il n'y aura plus que six Officiers à la compagnie, à quoi Sa Majesté entend que le nombre soit réduit pour l'avenir; voulant qu'il ne puisse être fait aucune nomination aux emplois vacans desdites compagnies, avant le remplacement ou l'extinction dudit Officier.

Etat-major du régiment, & Officiers de la Compagnie Générale.

Les Officiers de l'Etat-major, & ceux de la Compagnie générale dudit régiment des Gardes-suisses, continueront à être payés suivant les états & ordres que Sa Majesté fera expédier.

III.

INFANTERIE FRANÇOISE.

Infanterie françoise.

A l'égard des troupes d'Infanterie françoise, chaque bataillon, réduit à treize compagnies par ordonnance du 10 février 1749, dont une de Grenadiers de quarante-cinq hommes, & douze de Fusiliers de quarante hommes, faisant au total cinq cens vingt-cinq hommes, sera payé sur le pied par jour, savoir:

Compagnies de Grenadiers.

La compagnie de Grenadiers, sur le pied de quatre livres six deniers au Capitaine, trente-quatre sols dix deniers au Lieutenant, y compris deux sols dix deniers de supplément; vingt sols au Sous-lieutenant, douze sols à chacun des deux Sergens, huit sols six deniers à chacun des trois Caporaux, sept sols six deniers à chacun des trois Anspessades, six sols six deniers à chacun des trente-six Grenadiers & au Tambour; & six sols six deniers pour chacune des trois payes de gratification que le Capitaine doit recevoir, sa compagnie étant compléte de quarante-cinq hommes, deux à quarante-quatre, une seulement à quarante-trois, & rien au dessous dudit nombre de quarante-trois hommes.

Le

Le Capitaine de Grenadiers, au moyen du traitement ci-dessus, payera vingt-cinq livres de chaque Soldat qui sera tiré dans le régiment pour entrer dans sa compagnie.

Soldats tirés pour les Grenadiers.

Chacune des douze compagnies de Fusiliers sera payée sur le pied par jour, de trois livres six sols huit deniers au Capitaine, y compris seize sols huit deniers de supplément; vingt-deux sols dix deniers au Lieutenant, y compris deux sols dix deniers de supplément; onze sols à chacun des deux Sergens, sept sols six deniers à chacun des trois Caporaux, six sols six deniers à chacun des trois Anspessades, cinq sols six deniers à chacun des trente-un Fusiliers & au Tambour. Le Capitaine, outre l'appointement ci-dessus, recevra trois payes de gratification de cinq sols six deniers chacune, sa compagnie étant complète de quarante hommes, deux à trente-neuf, & une seulement à trente-huit hommes, & rien au dessous dudit nombre de trente-huit hommes.

Compagnies de Fusiliers.

Les cinq hommes surnuméraires par compagnie, établis dans le régiment d'Infanterie du Roy, par ordonnance du 7 septembre 1741, & que Sa Majesté, par celle du 20 février 1749, a bien voulu continuer d'y entretenir au-delà du complet en chacune des cinquante-deux compagnies dudit régiment, sans tirer à conséquence pour les autres régimens de son Infanterie françoise, y recevront leur solde sur le pied de six sols six deniers par jour à chaque Grenadier, & de cinq sols six deniers à chaque Fusilier qui sera présent aux revûes des Commissaires des guerres, jusqu'audit nombre de cinq par compagnie; sans que cela produise aucune augmentation dans les Haute-payes, ni dans les payes de gratification desdites compagnies.

Soldats surnuméraires du régiment du Roy.

Les Capitaines en second, qui par la réforme remplissent les places de Lieutenans dans les compagnies de Fusiliers en ladite qualité de Capitaines en second, & ceux pour lesquels il ne s'est point trouvé de lieutenances & qui sont entretenus par augmentation aux premières compagnies de Fusiliers de chaque bataillon en ladite qualité de Capitaines en second, seront payés de leurs appointemens à raison de quarante-deux sols chacun par

Capitaines en second.

jour, tant qu'ils serviront en ladite qualité; lesquelles places de seconds Officiers des compagnies de Fusiliers, ne pourront être remplies, au défaut de Capitaines en second actuellement en chaque régiment, que par des Lieutenans aux appointemens ordinaires attachés à ce grade, de vingt-deux sols dix deniers par jour.

Enseignes.

Les deux Enseignes entretenus pour porter les deux drapeaux que Sa Majesté a réglé, par son ordonnance du 10 février 1749, qu'il y auroit à l'avenir par bataillon, avec rang de Lieutenant, recevront leurs appointemens sur le pied de quinze sols chacun par jour.

Lieutenans en second, sans appointemens, du régiment d'Infanterie du Roy.

Les Lieutenans en second que Sa Majesté, par son ordonnance du 20 février 1749, a bien voulu conserver sans appointemens, sur le pied d'un en chacune des compagnies de Fusiliers de son régiment d'Infanterie où il n'y a point d'Enseigne; & le Sous-lieutenant que Sa Majesté, par son ordonnance du 8 novembre 1750, a aussi établi sans appointemens en chacune des compagnies de Fusiliers dudit régiment, auront seulement le logement dans tous les lieux où se trouvera ledit régiment, & l'étape en route, ainsi qu'elle a été réglée par l'ordonnance du premier avril 1737.

Etat-major du premier bataillon de chaque régiment.

Les Officiers de l'Etat-major de chaque premier bataillon des régimens d'Infanterie françoise, y compris ceux où il y a Prevôté, seront payés sur le pied par jour, savoir, de cinq livres au Colonel, tant pour lui tenir lieu des appointemens dont il jouissoit comme Capitaine, que de ceux de Colonel; de quatre livres treize sols quatre deniers d'appointemens au Lieutenant-colonel, indépendamment de cinq livres onze sols un denier un tiers, à titre d'augmentation de traitement; auxquels Colonel & Lieutenant-colonel Sa Majesté a jugé convenable, par son ordonnance du 10 février 1749, d'ôter les compagnies qu'ils commandoient ci-devant; trois livres six sols huit deniers au Major, y compris seize sols huit deniers de supplément; trente-six sols deux deniers à l'Aide-major, y compris deux sols dix deniers de supplément; vingt sols

1. Fevrier 1751.

au Maréchal-des-logis, & dix fols à chacun des Aumônier & Chirurgien.

Colonel-lieutenant du régiment du Roy.

Sa Majesté ayant réglé par son ordonnance du 20 février 1749, que la compagnie colonelle de son régiment d'Infanterie seroit conservée, & commandée comme ci-devant par le Colonel-lieutenant, il ne sera payé en ladite qualité de Colonel que sur le pied de trente-trois sols quatre deniers par jour, indépendamment des appointemens qu'il recevra comme Capitaine.

Colonels en second des régimens de Bretagne & Gardes de Lorraine.

Sa Majesté ayant réglé par ses ordonnances particulières du 12 janvier 1750, que les sieurs Comte de Lemps, Colonel en second du régiment d'Infanterie de Bretagne, & le Chevalier de Beauveau, Colonel en second du régiment des Gardes de Lorraine, auroient les mêmes appointemens de cinq livres par jour, dont jouissent les Colonels en pied, à commencer du jour qu'ils ont cessé d'avoir une compagnie par la réforme; ils continueront de recevoir lesdits appointemens, tant qu'ils serviront en ladite qualité de Colonel en second.

Prevôté en trente-quatre régimens.

Les Officiers de la Prevôté qui est en chacun des régimens de Picardie, Champagne, Navarre, Piémont, Normandie, la Marine, la Tour-du-Pin, Bourbonnois, Auvergne, Belsunce, Mailly, du Roy, Royal, Lyonnois, Dauphin, Anjou, d'Eu, la Reine, Royal-des-Vaisseaux, Orléans, la Couronne, Artois, Royal-Roussillon, Condé, Bourbon, Royal-la-Marine, Royal-Comtois, Rohan-Rochefort, Nice, Penthiévre, Chartres, Conty, Enghien & Gardes de Lorraine, seront payés sur le pied par jour, de vingt-six sols huit deniers au Prevôt, treize sols quatre deniers à son Lieutenant, huit sols quatre deniers au Greffier, & cinq sols à chacun des cinq Archers & à l'Exécuteur de justice.

Etat-major des second, troisième & quatrième bataillons.

Le Commandant de chacun des second, troisième & quatrième bataillons des régimens où il y en a ce nombre, & auquel, par l'ordonnance du 10 février 1749, on a ôté la compagnie qu'il commandoit, sera payé sur le pied de quatre livres d'appointemens par jour, indépendamment de deux livres quinze sols six deniers deux tiers, aussi par jour, à titre d'augmentation de traitement; & l'Aide-major de chacun desdits bataillons, même le cinquième qui est dans le premier bataillon du régiment du Roy, recevra trente-six sols deux deniers par jour, y compris les deux sols dix deniers de supplément qui leur ont été accordés par l'ordonnance du 20 avril 1722.

Appointemens conservés aux anciens Commandans de bataillon.

Les Officiers qui commandoient les bataillons qui ont été réformés par les réductions ordonnées dans l'Infanterie françoise en 1748 & 1749, continueront de jouir, en conséquence de l'article X de l'ordonnance du 10 février 1749, des trente-six sols huit deniers par jour qu'ils avoient en ladite qualité de Commandant de bataillon, jusqu'à ce qu'ils soient remplacés; & ce indépendamment des appointemens de Capitaine de leur compagnie, avec laquelle ils ont passé dans les bataillons qui sont restés sur pied, en conservant les appointemens, le titre & le rang de Commandant de bataillon.

Officiers réformés à la suite des régimens.

Les Officiers réformés entretenus à la suite des régimens d'Infanterie françoise, y seront payés des appointemens par mois qui leur ont été réglés, en passant présens aux revûes.

Régiment de Tournaisis.

Le régiment de Tournaisis, servant en l'isle de Corse, qui a été conservé sur le pied de dix-sept compagnies, dont une de Grenadiers de quarante-cinq hommes, & seize de Fusiliers de quarante hommes, continuera d'être payé sur le pied réglé par l'ordonnance de solde du premier décembre 1747; Sa Majesté voulant bien de plus autoriser les payemens qui ont été faits aux Sergens & Haute-payes, excédant le nombre fixé par compagnie, qui ont été compris dans les revûes dudit régiment, jusqu'au premier janvier 1751 seulement, devant cesser dudit jour d'y en être employé au-delà de ce qu'il doit y en avoir.

Masse.

Outre la solde ci-dessus réglée pour les Sergens, Caporaux, Anspessades, Grenadiers, Soldats & Tambours, qui leur sera payée sans aucune retenue, au moyen de quoi ils

1. février 1751.

ils doivent s'entretenir de linge & de chaussure, il sera donné vingt deniers par jour pour chaque Sergent, & dix deniers pour chacun des autres, même des deux cens soixante Soldats surnuméraires que Sa Majesté a bien voulu entretenir dans son régiment d'Infanterie, qui formeront une Masse toûjours complète pour chaque bataillon, sans avoir égard aux hommes qui pourroient manquer dans les compagnies; laquelle demeurera entre les mains du Trésorier, qui en donnera ses reconnoissances à la fin de l'année, au Major ou Officier chargé du détail du régiment ou bataillon, en deux billets, l'un à titre de Grosse Masse, sur le pied de douze deniers par Sergent & six deniers par Soldat, & l'autre à titre de Petite Masse, à raison de huit deniers par Sergent & de quatre deniers par Soldat; laquelle Masse sera remise sur la main-levée des Inspecteurs généraux, à ceux qui auront fait les fournitures de l'habillement & équipement desdits régimens ou bataillons.

Corps des Grenadiers de France.

Le corps des Grenadiers de France, formé par ordonnance du 15 février 1749, & qui, suivant celle du 15 septembre 1750, a rang dans l'Infanterie après le régiment de Bourbon, ce corps composé de quatre brigades de douze compagnies de quarante-cinq hommes, faisant au total deux mille cent soixante hommes, sur le pied de cinq cens quarante hommes par brigade, sera payé à raison par jour, savoir :

Compagnies.

Chacune des quarante-huit compagnies, de cinq livres au Capitaine, tant pour ses appointemens, que pour lui tenir lieu des trois payes de gratification dont jouissent les Capitaines de Grenadiers des régimens d'Infanterie françoise, leur compagnie étant complète; trente-quatre sols dix deniers au Lieutenant, y compris deux sols dix deniers de supplément, vingt sols au Lieutenant en second, douze sols à chacun des deux Sergens, huit sols six deniers à chacun des trois Caporaux, sept sols six deniers à chacun des trois Anspessades, & six sols six deniers à chacun des trente-six Grenadiers & au Tambour.

Troisième Sergent de chaque

Le troisième Sergent qui se trouvera exister en chacune

compagnie des régimens Royal-Lorraine & Royal-Barrois. des quatre compagnies venant des régimens ci-devant sous le titre de Royal-Lorraine & Royal-Barrois, continuera d'être payé sur le pied de douze sols par jour; mais il ne pourra être remplacé que par un Grenadier, pour faire toûjours le même nombre de quarante-cinq hommes par compagnie.

Supplément de solde aux Charpentiers. Le Sergent, le Caporal, & les onze Grenadiers entretenus en chacune des quatre brigades, sous la dénomination de Charpentiers, recevront, en conséquence de l'ordonnance du 15 août 1750, un supplément de solde par jour, de deux sols au Sergent, un sol six deniers au Caporal, & un sol à chaque Grenadier-Charpentier.

Enseignes. L'Enseigne qui est en chacune des quatre brigades, sera payé sur le pied de dix-sept sols dix deniers par jour.

Etat-major. L'Etat-major dudit corps recevra par jour, savoir, l'Inspecteur-commandant vingt-deux livres quatre sols cinq deniers un tiers; dix livres à chaque Colonel, pour le temps qu'il sera de service au corps seulement; huit livres six sols huit deniers à chaque Lieutenant-colonel, aussi pour le temps qu'il sera de service audit corps; treize livres six sols huit deniers au Major, cinq livres à chacun des quatre Aide-majors; & au Tambour-major & au Fifre, chacun treize sols quatre deniers.

Masse. A l'égard de la Masse, elle sera payée sur le pied complet, à raison par jour de vingt deniers par Sergent, & dix deniers à chaque Caporal, Anspessade, Grenadier-fusilier & Tambour; du produit de laquelle le Trésorier remettra à la fin de l'année, deux billets, ainsi qu'il est expliqué à l'article de l'Infanterie françoise; & le payement n'en sera fait que sur la main-levée de l'Inspecteur-commandant dudit corps.

ROYAL-ARTILLERIE. Les dix compagnies de chacun des cinq bataillons du régiment Royal-Artillerie, réduites par ordonnance du 10 janvier 1749 à soixante-douze hommes chacune, seront payées sur le pied par jour, savoir:

Compagnie de Sappeurs. Celle de Sappeurs, à raison de sept livres un sol au Capitaine en pied, trois livres au Capitaine en second, cinquante sols au premier Lieutenant, quarante sols au Lieutenant en second, trente sols à chacun des deux Sous-lieutenans, douze sols à chacun des deux Cadets, vingt sols six deniers à chacun des quatre Sergens, quatorze sols six deniers à chacun des quatre Caporaux, onze sols six deniers à chacun des quatre Anspessades, neuf sols six deniers à chacun de dix-huit des cinquante-six Sappeurs, sept sols à chacun des trente-huit autres, & neuf sols six deniers à chacun des deux Tambours.

Compagnies de Canonniers.

Les six compagnies de Canonniers, à raison de sept livres un sol au Capitaine en pied, trois livres au Capitaine en second, cinquante sols au premier Lieutenant, quarante sols au Lieutenant en second, trente sols à chacun des deux Sous-lieutenans, douze sols à chacun des deux Cadets, vingt sols six deniers à chacun des quatre Sergens, quatorze sols six deniers à chacun des quatre Caporaux, onze sols six deniers à chacun des quatre Anspessades, neuf sols six deniers à chacun de dix-huit des cinquante-six Canonniers, sept sols à chacun de dix-huit autres, six sols à chacun des vingt restans, & neuf sols six deniers à chacun des deux Tambours.

Compagnies de Bombardiers.

Et les trois compagnies de Bombardiers à raison de sept livres un sol au Capitaine en pied, trois livres au Capitaine en second, cinquante sols au premier Lieutenant, quarante sols au Lieutenant en second, trente sols à chacun des deux Sous-lieutenans, douze sols à chacun des deux Cadets, vingt sols six deniers à chacun des quatre Sergens, quatorze sols six deniers à chacun des quatre Caporaux, onze sols six deniers à chacun des quatre Anspessades, quinze sols à chacun de quatre des seize Artificiers-Bombardiers, douze sols à chacun de six autres, & dix sols aussi à chacun de six autres Artificiers-Bombardiers: entendant Sa Majesté que l'augmentation de paye soit donnée seulement à ceux d'entr'eux qui se distingueront par leur zéle & capacité dans leur métier, & non à la simple ancienneté du service; neuf sols six deniers à chacun de douze des quarante Bombardiers, sept sols à chacun de douze autres, six sols à chacun des seize Bombardiers restans, & neuf sols six deniers à chacun des deux Tambours.

Payes de gratification du régiment Royal-Artillerie.

A l'égard des payes de gratification des dix compagnies ci-dessus, chaque Capitaine recevra sept desdites payes, savoir, de sept sols chacune pour les Sappeurs, & de six sols pour les Canonniers & Bombardiers, sa compagnie étant complète de soixante-douze hommes; six payes à soixante-onze, cinq à soixante-dix, quatre à soixante-neuf, trois à soixante-huit, une paye seulement à soixante-sept, & rien au dessous dudit nombre de soixante-sept hommes.

Etat-major des bataillons du régiment Royal-Artillerie.

L'Etat-major de chacun desdits bataillons sera payé à raison par jour, de six livres deux sols deux deniers au Lieutenant-colonel, indépendamment de ses appointemens de Capitaine de Sappeurs; neuf livres trois sols trois deniers au Major, six livres deux sols deux deniers à l'Aide-major, cinquante sols au Sous-aide-major, & dix sols à chacun des Aumônier & Chirurgien.

Colonel-lieutenant du régiment Royal-Artillerie.

Il sera payé par jour cinq livres au Colonel-lieutenant dudit régiment, savoir, cinquante-cinq sols pour ses appointemens en ladite qualité, & quarante-cinq sols pour lui tenir lieu de la Prevôté que Sa Majesté a jugé à propos de supprimer, ainsi que le Maréchal-des-logis, pour lequel traitement il sera expédié des ordonnances particulières payables à Paris.

Mineurs.

Chacune des cinq compagnies de Mineurs, réduites par ordonnance du 10 janvier 1749 à soixante hommes, qui doivent servir séparément ou avec lesdits bataillons, sera payée sur le pied par jour de six livres cinq sols au Capitaine en premier, trois livres au Capitaine en second, cinquante sols au premier Lieutenant, quarante sols au second Lieutenant, trente sols à chacun des deux Sous-lieutenans, douze sols à chacun des deux Cadets, vingt sols six deniers à chacun des quatre Sergens, quatorze sols six deniers à chacun des quatre Caporaux, onze sols six deniers à chacun des quatre Anspessades, dix sols six deniers à chacun des vingt-quatre Mineurs, sept sols à chacun des vingt Apprentifs, neuf sols

1. fevrier 1751.

sols six deniers à chacun des deux Tambours; & sept sols pour chacune des six payes de gratification que Sa Majesté accorde au Capitaine, sa compagnie étant compléte de soixante hommes, cinq à cinquante-neuf, quatre à cinquante-huit, trois à cinquante-sept, deux à cinquante-six, & aucune paye de gratification sa compagnie étant au dessous de cinquante-six hommes.

Payes de gratification.

Chacune des cinq compagnies d'Ouvriers, réduites par ordonnance du 10 janvier 1749 à quarante hommes, qui doivent aussi servir séparément ou avec lesdits bataillons, sera payée sur le pied par jour, de six livres au Capitaine, quarante sols au premier Lieutenant, trente-cinq sols au second Lieutenant, vingt-cinq sols au Sous-lieutenant, qui ne sera point remplacé lorsque son emploi viendra à vaquer; vingt sols à chacun des trois Maître-ouvriers, dix-huit sols à chacun des trois Sous-maître-ouvriers, quinze sols à chacun de seize Ouvriers, douze sols à chacun des neuf autres Ouvriers, dix sols à chacun des huit Apprentifs & au Tambour; & dix sols pour chacune des quatre payes de gratification que le Capitaine touchera, sa compagnie étant compléte de quarante hommes, trois payes à trente-neuf, deux à trente-huit, & rien au dessous dudit nombre de trente-huit hommes.

Ouvriers.

Payes de gratification.

Outre la solde ci-dessus réglée, il sera donné, ainsi que dans les autres régimens d'Infanterie françoise, vingt deniers par jour pour chaque Sergent & chacun des Maître-ouvriers dans les compagnies d'Ouvriers, & dix deniers pour chaque Cadet, Caporal, Anspessade, Canonnier, Bombardier, Sappeur, Mineur, Sous-maître-ouvrier, Ouvrier, Apprentif, Fusilier & Tambour; qui formeront une Masse toûjours compléte; du produit de laquelle le Trésorier remettra de même à la fin de l'année, deux billets, ainsi qu'il est expliqué à l'Infanterie françoise, & le payement n'en sera fait que sur la main-levée du Directeur général des écoles d'Artillerie.

Masse du régiment Royal-Artillerie, & des compagnies de Mineurs & d'Ouvriers.

Sa Majesté, en confirmant ce qu'Elle a réglé par son ordonnance du 31 octobre 1750, entend que les deux

Piquets qui servent en l'isle de Corse.

piquets de cinquante hommes chacun du régiment de Vaſtan, les deux piquets de cinquante hommes chacun du régiment de Brie, le piquet de cinquante hommes de chacun des régimens de Flandre, Périgord, Bigorre, Breſſe, Quercy, Nivernois, le piquet de vingt hommes du bataillon de Saint-Clair du régiment Royal-Artillerie, les trois piquets du régiment Suiſſe de Wigier, celui de Salis Griſon, les trois piquets du régiment Royal-Bavière, & celui du régiment Allemand de Bergh, également de cinquante hommes chacun, tirés deſdits régimens pour ſervir en l'iſle de Corſe, où ils ſont actuellement employés, continuent d'y être payés de leur ſolde par à-comptes, ſur les revûes qui leur ſeront faites; leſquelles revûes ſeront envoyées avec les reçûs, le premier du mois ſuivant au Tréſorier général de l'Extraordinaire des guerres en exercice, qui les fera paſſer à ſes Commis dans les lieux où ſe trouveront leurs corps, pour être compris dans le décompte général du régiment, & ſervir au complet des compagnies & des payes de gratification; au moyen de quoi les Commiſſaires des guerres ne comprendront point ces piquets dans les revûes qu'ils feront aux corps d'où ils ont été tirés; & à l'égard du traitement extraordinaire accordé à ces piquets pour leur ſervice en Corſe, le payement leur en ſera fait par le Tréſorier ſervant près leſdites troupes, & la dépenſe employée dans ſon compte.

Quant aux cinq piquets de cinquante hommes du régiment Royal-Italien, qui ſont auſſi employés en Corſe, compoſés chacun d'un Capitaine, un Lieutenant, deux Sergens, deux Caporaux, deux Anſpeſſades, un Tambour & quarante-trois Fuſiliers; comme ils ne ſont plus partie de ce régiment depuis la réforme, le décompte final de leur ſolde & de leur traitement extraordinaire ſera fait par ledit Tréſorier, ſur les revûes, & la dépenſe portée dans ſon compte; Sa Majeſté voulant bien cependant autoriſer les payemens qui auront été faits juſqu'au premier janvier dernier, aux Sergens & Haute-payes excédant le nombre ci-deſſus, ayant dû ceſſer d'y être entretenus dudit jour premier janvier.

1. Février 1751.

305

Les Officiers employés avec lesdits piquets, qui se sont trouvés dans le cas de la réforme, continueront, à commencer du jour qu'ils ont été réformés, d'être payés en Corse, tant qu'ils y serviront, de leurs appointemens dans les qualités qu'ils avoient avant la réforme, dans les corps où ils étoient attachés; lesquels appointemens, ainsi que leur traitement ex raordinaire, sera payé par le Trésorier qui sert dans l'isle, & la dépense employée dans son compte.

Officiers attachés aux Piquets, qui ont été compris dans la réforme.

L'intention de Sa Majesté étant que ces piquets soient maintenus dans un état convenable au service pour lequel ils sont destinés, qu'ils soient entretenus complets, & recrutés à cet effet des hommes qui se trouvent y manquer, Elle veut bien, pour en procurer les moyens aux Officiers qui sont à leur tête, & les mettre en même temps en état de fournir à plusieurs faux frais indispensables, leur accorder, indépendamment de leurs appointemens, savoir, à chacun des Capitaines commandant les dix piquets François, quatre payes de gratification de cinq sols six deniers chacune par jour; au Capitaine-commandant de chacun des trois piquets du régiment Suisse de Wigier, & de celui de Grison de Salis, quatre payes de seize livres chacune par mois; au Capitaine-commandant de chacun des quatre piquets des régimens Allemands de Royal-Bavière & de Bergh, pareillement quatre payes de gratification de treize livres chacune par mois; à l'Officier qui est à la tête du détachement de vingt hommes du bataillon de Saint-Clair du régiment Royal-Artillerie, deux payes de gratification seulement, de six sols chacune par jour; & à l'Officier commandant chacun des cinq piquets de Royal-Italien, quatre payes de gratification de sept sols chacune par jour: lesquelles payes de gratification ne seront payées par le Trésorier des troupes qui est en Corse, & la dépense employée dans son compte, aux Officiers commandant lesdits piquets, qu'autant qu'ils seront complets aux revûes, du nombre d'hommes fixé pour chaque piquet.

Payes de gratification.

Il sera prélevé sur les Masses des régimens d'Infanterie

françoise, & du bataillon de Saint-Clair, vingt deniers par jour par Sergent, & dix deniers par Caporal, Anspessade, Fusilier & Tambour qui composent les piquets qui servent en Corse, tirés desdits régimens & bataillon, pour servir à l'habillement & équipement desdits piquets, dont la dépense sera réglée par le sieur de Cursay Maréchal-de-camp, commandant les troupes en Corse en l'absence du sieur Chauvelin Lieutenant général des armées de Sa Majesté; lequel donnera aussi la main-levée desdites Masses, ainsi que de ce qui sera réservé sur la solde des piquets Suisses, Grisons, Allemands & de Royal-Italien, pour l'habillement & équipement desdits piquets, relativement à la dépense que ledit sieur de Cursay en aura réglée.

Compagnies de Grenadiers. Les trois compagnies de Grenadiers-royaux qui servent en Corse, seront composées en Officiers, Sergens, Caporaux, Anspessades, Grenadiers & Tambours, & recevront les mêmes appointemens, solde & payes de gratification que celles de Grenadiers des régimens de l'Infanterie françoise, à commencer du premier janvier 1751: voulant bien Sa Majesté, que jusqu'audit jour les Sergens & Haute-payes faisant partie des quarante-cinq hommes par compagnie qui y ont été entretenus au-delà du nombre fixé, continuent d'y jouir de leur solde, lesdits Sergens & Haute-payes d'augmentation devant cesser dudit jour premier janvier 1751.

Masse. A l'égard de la Masse desdites trois compagnies, sur le pied de vingt deniers par Sergent, & dix deniers pour chacun des autres, sur le pied de quarante-cinq hommes par compagnie, elle aura lieu du premier février 1748.

MILICES. Sa Majesté ayant réglé par l'article XIX de son ordonnance du 6 août 1748, & par celle du premier mars 1750, que les cent sept bataillons de milice, y compris celui de la ville de Paris & les six des duchés de Lorraine & de Bar, seroient assemblés pendant la paix, une fois chaque année au moins, pendant huit jours, chaque bataillon, composé de cinq cens hommes en dix compagnies de

1. février 1751.

de cinquante hommes chacune, sera payé sur le pied par jour, savoir:

Compagnie de Grenadiers.

La compagnie de Grenadiers à raison de trois livres au Capitaine, vingt sols au Lieutenant, onze sols à chacun des deux Sergens, huit sols à chacun des trois Caporaux, sept sols à chacun des trois Anspessades, six sols à chacun des quarante-un Grenadiers, & huit sols au Tambour.

Compagnie de Grenadiers-postiches, & Compagnies de Fusiliers.

La compagnie de Grenadiers-postiches, & chacune des huit compagnies de Fusiliers, sur le pied de cinquante sols au Capitaine, ou au Lieutenant en premier commandant une compagnie; vingt sols au Lieutenant, dix sols à chacun des deux Sergens, sept sols à chacun des trois Caporaux, six sols à chacun des trois Anspessades, cinq sols à chacun des quarante-un Grenadiers-postiches ou Fusiliers, & sept sols au Tambour.

Etat-major.

Le Commandant de bataillon, lequel n'y aura point de compagnie, recevra cinq livres par jour, quand même il seroit Lieutenant-colonel; & l'Aide-major cinquante sols.

Etat-major des bataillons de Milice des duchés de Lorraine & de Bar.

Le Colonel & le Major qui servent au premier des deux bataillons de chacun des régimens de Polignac & de Montureux, des milices des duchés de Lorraine & de Bar, recevront, en conséquence de l'ordonnance particulière du 5 mars 1750, savoir, le Colonel six livres par jour, & le Major trois livres cinq sols: à l'égard des Commandans & Aide-majors des seconds bataillons desdits deux régimens, ainsi que ceux des premier & second bataillons de Mirecourt des milices desdits duchés, qui étoient ci-devant sous le nom du régiment de Thiange, ils seront payés sur le pied ci-dessus réglé pour ceux du même grade des bataillons de milice.

Temps pendant lequel les bataillons de Milice seront payés.

Lorsque Sa Majesté fera assembler les bataillons de milice, les officiers seront payés de leurs appointemens sur le pied ci-dessus pendant deux mois, tant pour le temps de l'assemblée, que pour les dédommager de leurs frais de voyage; & les Sergens, Caporaux, Anspessades, Grenadiers, Grenadiers-postiches, Fusiliers & Tambours, recevront la folde qui leur eſt ci-deſſus réglée, non ſeulement pour le nombre de jours qu'ils auront ſervi aux lieux déſignés pour l'aſſemblée, mais encore pour les trois jours qui précéderont celui auquel l'aſſemblée aura été indiquée, & pour les trois jours après celui de la ſéparation des bataillons; leſquels trois jours ſeront réſervés aux compagnies de Grenadiers, pour leur être diſtribués ainſi qu'il ſera ci-après expliqué.

Bataillons de Grenadiers Royaux.

Les onze bataillons de Grenadiers-royaux, dont huit de cinq cens Grenadiers chacun, en dix compagnies de cinquante, & les trois autres de quatre cens cinquante Grenadiers, en neuf compagnies auſſi de cinquante; qui, en conſéquence de l'article XXIX de l'ordonnance du 6 août 1748, & de celle du premier mars 1750, ſeront formés des cent ſept compagnies de Grenadiers tirés des bataillons de milice avant leur ſéparation des lieux où ils ſeront aſſemblés, recevront par jour, ſavoir:

Compagnies de Grenadiers.

Appointemens & Solde.

Chaque compagnie de Grenadiers, à raiſon de quatre livres au Capitaine, & trente-deux ſols au Lieutenant; leſquels appointemens leur ſeront payés pendant un mois pour l'aſſemblée des bataillons de Grenadiers-royaux, indépendamment des deux mois qu'ils auront reçûs pour l'aſſemblée générale des bataillons de milice; & les cinquante Sergens, Caporaux, Anſpeſſades, Grenadiers & Tambours, recevront la paye qui leur eſt ci-deſſus réglée, pendant le temps ſeulement de l'aſſemblée particulière des bataillons de Grenadiers-royaux, outre le décompte qui leur ſera fait, ſavoir; à chaque Sergent d'un ſol par jour, & à chaque Caporal, Anſpeſſade, Grenadier & Tambour, de ſix deniers auſſi par jour, pour le linge & la chauſſure pendant la route qu'ils auront faite par étape pour ſe rendre auxdits lieux d'aſſemblée: lequel décompte leur ſera pareillement fait à leur retour aux quartiers des bataillons de Milice où ils auront d'abord été aſſemblés, & où ils toucheront de plus les trois jours de ſolde qui leur auront été réſervés, ainſi qu'il eſt ci-deſſus preſcrit, pour leur donner moyen de retourner dans leur

Linge & Chauſſure.

1. février 1751.

paroisse; mais ce dernier décompte ne leur sera fait qu'après avoir remis auxdits quartiers d'assemblée des bataillons de Milice, leurs effets d'équipement & d'armement.

Paye en marche sans étape.

Les Officiers desdites compagnies de Grenadiers, qui en allant au quartier général d'assemblée du bataillon de Grenadiers-royaux, ou en revenant, auront passé avec leur troupe par des lieux où il n'y a point d'étape, seront payés, indépendamment du mois d'appointemens qu'ils doivent toucher pour l'assemblée du bataillon de Grenadiers-royaux, des jours qu'ils n'auront point reçû l'étape, sur le pied de trois livres par jour au Capitaine, & de vingt sols au Lieutenant; & les Sergens, Haute-payes & Grenadiers recevront pour ces mêmes jours la solde qui leur est ci-dessus réglée.

Etat-major.

L'Etat-major de chaque bataillon sera composé d'un Colonel & d'un Major, auxquels il sera payé pour le temps de cette assemblée, savoir, mille quatre-vingt livres au Colonel, & cinq cens quarante livres au Major.

Solde conservée hors du temps de l'assemblée des bataillons de Milice, & de Grenadiers-Royaux.

Le décompte des trois sols par jour à chaque Sergent de Grenadiers-royaux, de deux sols à chaque Sergent de Grenadiers-postiches & de Fusiliers, d'un sol six deniers à chaque Tambour de Grenadiers-royaux, & d'un sol à chaque Grenadier, que Sa Majesté a bien voulu leur accorder dans leur province par les articles XI & XIII de son ordonnance du 6 août 1748, leur sera fait aux quartiers d'assemblée des bataillons de Milice, pour le temps qu'ils n'auront point été en solde, à compter de l'expiration des trois jours de solde accordés après la séparation précédente des bataillons, jusques & compris le jour qui précédera les trois jours de paye qu'ils doivent recevoir avant celui indiqué pour l'assemblée, sur la revûe particulière, & par appel, qui sera faite par un Commissaire des guerres, desdits Sergens, Grenadiers & Tambours de Grenadiers-royaux, & desdits Sergens de Grenadiers-postiches & de Fusiliers; & ce décompte sera pareillement fait, à compter du même temps ci-dessus marqué, à ceux d'entr'eux qui se seront trouvés dans le cas de recevoir leur congé avant l'assemblée, & ce jusqu'au jour qu'ils leur seront délivrés, sur les ordres des Intendans, & en conformité des états qu'ils en dresseront.

Compagnie de Brezé.

La compagnie de Brezé, qui est aux Isles Sainte-Marguerite & Saint-Honorat, composée d'un Capitaine, de deux Lieutenans, deux Sergens, un Caporal, un Anspessade, trente Soldats & un Tambour, sera payée sur le pied par jour, de quatorze livres trois sols quatre deniers au Capitaine, y compris onze livres cinq sols d'augmentation; trois livres trois sols quatre deniers à chacun des deux Lieutenans, y compris trente-trois sols quatre deniers d'augmentation; douze sols à chacun des deux Sergens, huit sols au Caporal, sept sols à l'Anspessade, six sols à chacun des trente Soldats & au Tambour; & le Chapelain qui est avec ladite compagnie, recevra seize sols huit deniers par jour.

Invalides. Compagnies détachées.

Les compagnies détachées de l'Hôtel royal des Invalides, de soixante hommes chacune, seront payées, à la réserve de celles dont il sera parlé ci-après, sur le pied par jour, de cinquante sols au Capitaine, de vingt sols à chacun des cinq Lieutenans, dix sols à chacun des trois Sergens, sept sols à chacun des trois Caporaux, six sols à chacun des trois Anspessades, & cinq sols à chacun des cinquante Soldats & au Tambour : s'il se trouve des surnuméraires dans lesdites compagnies, les Commissaires des guerres les comprendront dans leurs revûes, & ils continueront d'être payés comme il a été réglé par l'ordonnance du 22 juin 1737, de cinq sols de solde par jour.

Compagnies de bas-Officiers.

Les compagnies de bas-Officiers de Toucheronde, le Tellier, Dumini, Dumont, Saint-Amour, d'Apremont, d'Autanne, Bruchet & l'Arzillier, de cent quarante hommes chacune, seront payées sur le pied par jour, de cinquante sols au Capitaine en pied, pareils cinquante sols au Capitaine en second, vingt sols à chacun des cinq Lieutenans, douze sols à chacun des six Sergens, neuf sols à chacun des six Caporaux, huit sols à chacun des six Anspessades, & sept sols à chacun des cent vingt Fusiliers & deux Tambours.

La

1. Fevrier 1751.

La compagnie de bas-Officiers Invalides, de quatre-vingt-deux hommes, formée par ordonnance du 31 décembre 1749, pour servir à la garde du château de la Bastille, sera payée sur le pied par jour, de trois livres dix sols au Capitaine en premier, trois livres au Capitaine en second, cinquante sols au Lieutenant chargé du détail, quarante sols à chacun des deux autres Lieutenans, quinze sols à chacun des quatre Sergens, douze sols à chacun des quatre Caporaux, onze sols à chacun des quatre Anspessades, & dix sols à chacun des soixante-huit Fusiliers & deux Tambours.

Compagnie de bas-Officiers servant à la garde du château de la Bastille.

La compagnie de bas-Officiers Invalides, de cent six hommes, formée par ordonnance du 23 octobre 1750, pour servir à la garde du palais des Tuileries & du château du Louvre, sera payée sur le pied par jour, de cinquante sols au Capitaine en premier, pareils cinquante sols au Capitaine en second, vingt sols au Lieutenant chargé du détail, & à chacun des quatre autres Lieutenans, douze sols à chacun des six Sergens, neuf sols à chacun des six Caporaux, huit sols à chacun des six Anspessades, & sept sols à chacun des quatre-vingt-cinq Fusiliers & des trois Tambours.

Compagnie de bas-Officiers servant à la garde des Tuileries & du Louvre.

IV.

TROUPES LEGERES.

LE corps des Volontaires de Flandre, composé, suivant l'ordonnance du premier août 1749, de trois cens soixante hommes en trois brigades de cent vingt hommes chacune, dont quatre-vingts d'Infanterie, formant deux compagnies de quarante hommes, & deux compagnies de Cavalerie de vingt Maîtres chacune, sera payé sur le pied par jour, savoir :

VOLONTAIRES de FLANDRE.

Chaque compagnie d'Infanterie, composée d'un Capitaine en pied, un Capitaine en second, un second Capitaine en second faisant fonction de Lieutenant, ou à son défaut, d'un Lieutenant ; quatre Sergens, quatre Caporaux, quatre Anspessades, vingt-sept Fusiliers & un

Compagnies d'Infanterie de quarante hommes.

Tambour, à raiſon de trois livres ſix ſols huit deniers au Capitaine en pied, cinquante ſols au Capitaine en ſecond qui aura été ci-devant Capitaine en pied, & ſeulement quarante ſols à celui qui ne l'aura pas été ; trente-trois ſols quatre deniers au ſecond Capitaine en ſecond qui aura été Capitaine en pied ou Capitaine en ſecond, & qui ſera les fonctions de Lieutenant; & vingt-deux ſols dix deniers à celui qui, au défaut de ſecond Capitaine en ſecond, remplira la lieutenance & n'aura pas eu d'autre grade que celui de Lieutenant ; onze ſols à chaque Sergent, ſept ſols ſix deniers à chaque Caporal, ſix ſols ſix deniers à chaque Anſpeſſade, & cinq ſols ſix deniers à chaque Fuſilier & Tambour. Le Capitaine en pied recevra de plus trois payes de gratification, de cinq ſols ſix deniers chacune, ſa compagnie étant compléte de quarante hommes, deux à trente-neuf, une ſeulement à trente-huit hommes, & rien au deſſous dudit nombre.

Compagnies de Cavalerie de vingt Maîtres.

Chaque compagnie de Cavalerie, composée d'un Capitaine en pied, un Capitaine en ſecond ou un Lieutenant, deux Maréchaux-des-logis, quatre Brigadiers, quinze Cavaliers & un Trompette, à raiſon de cinq livres au Capitaine en pied, trois livres ſix ſols huit deniers au Capitaine en ſecond qui aura été Capitaine en pied, & ſeulement cinquante-trois ſols quatre deniers à celui qui n'aura eu précédemment que le grade de Capitaine en ſecond; & ſi ce ſecond Officier eſt un Lieutenant, il ne ſera payé que ſur le pied de cinquante ſols par jour; vingt-ſix ſols huit deniers à chaque Maréchal-des-logis, huit ſols à chaque Brigadier, & ſept ſols à chaque Cavalier & au Trompette.

Etat-major.

L'Etat-major dudit corps, à raiſon de ſeize livres treize ſols quatre deniers au ſieur de la Morliere, Commandant en chef; huit livres ſix ſols huit deniers au Commandant particulier de chacune des trois brigades; leſquels Commandans, ſoit en chef ou particuliers, n'ont point de compagnie dans ce corps; & trois livres ſix ſols huit deniers à l'Aide-major attaché à chacune deſdites trois brigades.

A mesure de l'extinction des seconds Capitaines en second des compagnies d'Infanterie dudit corps, leurs emplois ne seront remplis que par des Lieutenans aux appointemens de vingt-deux sols dix deniers par jour; & les Capitaines en second des compagnies de Cavalerie ne seront pareillement remplacés que par des Lieutenans aux appointemens de cinquante sols par jour.

Volontaires Royaux.

Le corps des Volontaires-royaux, réduit, en conséquence de l'ordonnance du 10 novembre 1748, à six cens quarante hommes, dont quatre cens d'Infanterie & deux cens quarante Dragons, sera payé sur le pied par jour, savoir :

Compagnies de Grenadiers de soixante hommes.

Chacune des deux compagnies de Grenadiers, composée d'un Capitaine en premier, un premier & un second Capitaine en second, & au défaut de ces deux derniers Officiers, il ne pourra y être entretenu qu'un premier Lieutenant & un Lieutenant en second; de trois Sergens, trois Caporaux, trois Anspessades, cinquante Grenadiers & un Tambour, à raison de quatre livres au Capitaine, cinquante sols au premier Capitaine en second ou premier Lieutenant, quarante sols au second Capitaine en second ou Lieutenant en second, douze sols à chaque Sergent, huit sols six deniers à chaque Caporal, sept sols six deniers à chaque Anspessade, & six sols six deniers à chaque Grenadier & au Tambour.

Compagnies de Fusiliers de soixante hommes.

Chacune des quatre compagnies de Fusiliers, composée d'un Capitaine, un premier Capitaine en second, & un second Capitaine en second, & au défaut de ces deux derniers Officiers, il ne pourra y être entretenu qu'un premier Lieutenant & un Lieutenant en second; trois Sergens, trois Caporaux, trois Anspessades, cinquante Fusiliers & un Tambour, à raison de trois livres dix sols au Capitaine; deux livres dix sols au premier Capitaine en second, & si c'est à son défaut un premier Lieutenant, trente-cinq sols; au second Capitaine en second, quarante sols, & à son défaut, trente sols au Lieutenant en second; onze sols à chaque Sergent, sept fols fix deniers à chaque Caporal, fix fols fix deniers à chaque Anfpeffade, & cinq fols fix deniers à chaque Fufilier & au Tambour.

Payes de gratification des compagnies de Grenadiers & de Fufiliers.

A l'égard des payes de gratification des compagnies, tant de Grenadiers que de Fufiliers, chaque Capitaine recevra cinq defdites payes, favoir, de fix fols fix deniers chacune pour les Grenadiers, & de cinq fols fix deniers pour les Fufiliers, fa compagnie étant complète de foixante hommes, quatre à cinquante-neuf, trois à cinquante-huit, deux à cinquante-fept, une à cinquante-fix, & aucune paye de gratification au deffous dudit nombre de cinquante-fix hommes.

Compagnie de Charpentiers ou Bateliers de quarante hommes.

La compagnie de Charpentiers ou Bateliers, compofée de quarante hommes, fans Sergens ni Haute-payes, à raifon de trois livres au Capitaine, & quatre fols à chacun defdits quarante Charpentiers ou Bateliers, fur lefquels il ne pourra être rien retenu fous quelque prétexte que ce foit. Le Capitaine recevra trois payes de gratification par jour, de quatre fols chacune, à tel nombre d'hommes que fa compagnie paffe aux revûes; ces payes lui étant accordées pour l'aider à payer les quatre deniers pour livre de la folde de fa compagnie, dont il demeurera chargé.

Sa Majefté jugeant néceffaire que ces Ouvriers s'entretiennent dans la pratique & l'exercice de leur profeffion, pour pouvoir être utiles dans les occafions où il y aura lieu de les employer, Elle entend qu'ils ne foient affujétis dans ledit corps à aucun fervice, & qu'ils foient feulement tenus de paroître aux revûes, au moyen de quoi ils feront libres, quoiqu'engagés au corps, & obligés d'exercer tout le refte du temps leur profeffion, en indiquant à l'Officier chargé de les commander, le lieu où ils iront travailler. Veut Sa Majefté qu'à chaque revûe, le Commiffaire des guerres faffe faire exactement en fa préfence le décompte auxdits Ouvriers de ce qui leur fera dû de folde depuis la revûe précédente.

Compagnies de Dragons de trente hommes.

Chacune des huit compagnies de Dragons, compofée d'un Capitaine, un Capitaine en fecond ou un Lieutenant, un un Maréchal-des-logis, deux Brigadiers, vingt-fept Dragons & un Tambour, fera payée fur le pied par jour, favoir, le Capitaine cinq livres, le Capitaine en fecond ou le Lieutenant deux livres dix fols, le Maréchal-des-logis une livre fix fols huit deniers, chaque Brigadier huit fols, & chaque Dragon & Tambour fept fols.

E'tat-major.

L'Etat-major dudit corps fera payé fur le pied par jour, de feize livres treize fols quatre deniers au Colonel-commandant, qui n'eft attaché à aucune compagnie, tant pour fes appointemens en cette qualité, que pour lui tenir lieu de ceux de Capitaine; fix livres au Major, & quatre livres à l'Aide-major.

Supplément d'appointemens aux fieurs Godernaux & Limoges.

Sa Majefté en confirmant ce qui eft porté par l'article VII de fon ordonnance du 10 novembre 1748, veut bien que les fieurs Godernaux & Limoges, qui fervent à la tête de ce corps, continuent de jouir des trente-trois fols quatre deniers de fupplément d'appointemens qu'Elle leur a réglé à chacun par jour, indépendamment de leurs appointemens de Capitaine d'une compagnie de Dragons; lequel fupplément leur étant perfonnel, ceffera d'avoir lieu pour leurs fucceffeurs.

VOLONTAIRES du DAUPHINÉ.

Le corps des Volontaires du Dauphiné, réduit par ordonnance du 20 mars 1749, à cent vingt hommes, formant fix compagnies de vingt hommes chacune, dont cinq d'Infanterie & une de Dragons, fera payé fur le pied par jour, favoir:

Compagnies d'Infanterie de vingt hommes.

Chacune des cinq compagnies d'Infanterie, compofée d'un Capitaine en pied, un Capitaine en fecond, ou au lieu de ce fecond Officier, d'un Lieutenant; deux Sergens, deux Caporaux, deux Anfpeffades, treize Fufiliers, Chaffeurs ou Volontaires, & d'un Tambour, à raifon de trois livres fix fols huit deniers au Capitaine en pied, quarante fols au Capitaine en fecond, & à fon défaut, vingt-deux fols dix deniers au Lieutenant, onze fols à chaque Sergent, fept fols fix deniers à chaque Caporal, fix fols fix deniers à chaque Anfpeffade, & cinq fols fix deniers à chaque Fufilier, Chaffeur ou Volontaire, & au Tambour. Le

Payes de gratification. Capitaine recevra de plus deux payes de gratification de cinq sols six deniers chacune, sa compagnie étant compléte de vingt hommes, une seulement à dix-neuf hommes, & rien au dessous dudit nombre de dix-neuf hommes. Entend Sa Majesté que les Capitaines en second desdites compagnies soient remplacés, à mesure que leurs emplois deviendront vacans, par des Lieutenans seulement, aux appointemens de vingt-deux sols dix deniers chacun par jour.

Compagnie de Dragons de vingt hommes. La compagnie de Dragons, composée d'un Capitaine en pied & d'un second Officier, soit Capitaine en second ou Lieutenant; d'un Maréchal-des-logis, deux Brigadiers, dix-sept Dragons & un Tambour, à raison de quatre livres au Capitaine en pied, quarante sols au Capitaine en second ou Lieutenant, vingt-six sols huit deniers au Maréchal-des-logis, sept sols six deniers à chaque Brigadier, & six sols six deniers à chaque Dragon ou Tambour.

Etat-major. L'Etat-major, à raison de huit livres six sols huit deniers au Commandant en chef, tant pour ses appointemens en sa qualité de Commandant, que pour lui tenir lieu de ceux de Capitaine, n'étant attaché à aucune compagnie; & trois livres à l'Aide-major.

Supplément d'appointemens aux sieurs Sabatier, Colonne & Lancize. Les sieurs Sabatier, Colonne & Lancize, qui ont rang de Lieutenant-colonel, & qui commandent chacun en qualité de Capitaine, une des compagnies d'Infanterie dudit corps, recevront, outre leurs appointemens de Capitaine d'Infanterie, trente-trois sols quatre deniers par jour, conformément à l'article II de l'ordonnance du 10 novembre 1748; lequel traitement leur est personnel, & n'aura point lieu pour leurs successeurs.

Compagnies des Cantabres Volontaires. Chacune des quatre compagnies de Cantabres-volontaires, conservée, en conséquence de l'ordonnance du premier août 1749, sur le pied de quarante hommes, & composée d'un Capitaine, un Capitaine en second ou un Lieutenant, deux Sergens, trois Caporaux, trois Anspessades, trente-un Fusiliers & un Tambour, sera payée sur le pied par jour, de trois livres six sols huit deniers au

Capitaine, quarante sols au Capitaine en second qui aura été Capitaine en pied, & à son défaut, vingt-deux sols dix deniers au Lieutenant, onze sols à chaque Sergent, sept sols six deniers à chaque Caporal, six sols six deniers à chaque Anspessade, & cinq sols six deniers à chaque Fusilier & au Tambour. Le Capitaine recevra de plus trois payes de gratification de cinq sols six deniers chacune, sa compagnie étant compléte à quarante hommes, deux à trente-neuf, une seulement à trente-huit, & rien au dessous dudit nombre de trente-huit hommes. Veut au surplus Sa Majesté que les places de seconds Officiers desdites compagnies, ne soient remplies à mesure qu'elles deviendront vacantes, que par des Lieutenans aux appointemens de vingt-deux sols dix deniers chacun par jour.

Payes de gratification.

Outre la solde ci-dessus réglée pour les corps de Volontaires de Flandre, Royaux, du Dauphiné & des Cantabres, la masse sera payée auxdits corps sur le pied complet, à raison par jour, de vingt deniers par Sergent, & dix deniers par Caporal, Anspessade, Grenadier, Fusilier, Charpentier ou Batelier, Chasseur ou Volontaire, Brigadier, Cavalier, Dragon, Trompette & Tambour; du produit de laquelle le Trésorier remettra à la fin de l'année, deux billets, ainsi qu'il est expliqué à l'article de l'Infanterie françoise; & le payement n'en sera fait que sur la main-levée des Inspecteurs généraux.

Masse des Volontaires de Flandre, Royaux, du Dauphiné & Cantabres.

Le corps de Chasseurs de Fischer, réduit, par ordonnance du 25 mars 1749, à soixante hommes, sera payé sur le pied par jour, savoir :

CORPS de CHASSEURS de FISCHER.

La compagnie d'Infanterie, de quarante hommes, à raison de deux livres dix sols au premier Capitaine en second, quarante sols au second Capitaine en second, trente-trois sols quatre deniers à celui qui aura été Capitaine en second & qui remplira la place de Lieutenant; & vingt-deux sols dix deniers seulement en cas que ce troisième Officier n'ait pas d'autre grade que celui de Lieutenant; vingt sols à chacun des quatre Sergens, seize sols à chacun des quatre Caporaux, quatorze sols à chacun

Compagnie d'Infanterie de quarante hommes.

des quatre Anſpeſſades, & dix ſols à chacun des vingt-huit Chaſſeurs. La place de troiſième Officier de ladite compagnie, lorſqu'elle deviendra vacante, ne ſera remplie que par un Lieutenant aux appointemens de vingt-deux ſols dix deniers par jour.

Compagnie à cheval de vingt hommes.

La compagnie à cheval, compoſée d'un premier Capitaine en ſecond, un ſecond Capitaine en ſecond ou un Lieutenant, deux Maréchaux-des-logis, quatre Brigadiers & ſeize Chaſſeurs à cheval, à raiſon de deux livres treize ſols quatre deniers au premier Capitaine en ſecond, cinquante ſols au ſecond Capitaine en ſecond, ou à ſon défaut, au Lieutenant; vingt-ſix ſols huit deniers à chaque Maréchal-des-logis, ſeize ſols à chaque Brigadier, & dix ſols à chaque Chaſſeur.

Au moyen du traitement ci-deſſus, le ſieur Fiſcher ſera chargé de l'habillement, armement, équipement & entretien deſdits Chaſſeurs, tant à cheval qu'à pied.

Etat major.

L'Etat-major dudit corps, à raiſon de ſix livres treize ſols quatre deniers au ſieur Fiſcher, tant en ſa qualité de Commandant, que comme Capitaine en premier des compagnies à pied & à cheval; & trois livres à l'Aide-major.

RÉGIMENT ÉTRANGER de GESCHRAY.

Le régiment étranger de Geſchray, réduit, par ordonnance du 25 mars 1749, à cent vingt hommes, les Officiers compris, dont quatre-vingt d'Infanterie & quarante Dragons; auquel il a été réglé, par celle du premier février 1751, un traitement ſur un pied différent que celui qui lui a été fixé lors de ſa création, ſera payé, ſavoir :

Compagnies d'Infanterie de quarante hommes.

Chacune des deux compagnies d'Infanterie, compoſée de quarante hommes, les Officiers compris, ſur le pied par mois de quatre-vingt-dix livres au Capitaine, & de ſoixante livres au Capitaine en ſecond ou Lieutenant, treize livres auſſi par mois pour la ſolde des deux Sergens, du Capitaine d'armes, des trois Caporaux, & des trente-un Fuſiliers & du Tambour; & treize livres de même par mois pour chacune des quatre payes de gratification que Sa Majeſté accorde au Capitaine, ſa compagnie étant complète de quarante hommes, trois payes à trente-

1. Février 1751.

à trente-neuf, deux à trente-huit, & aucune paye de gratification au dessous dudit nombre de trente-huit hommes.

Compagnies de vingt hommes à cheval.

Chacune des deux compagnies à cheval, composée de vingt hommes, les Officiers compris, sur le pied par jour, de cinq livres au Capitaine, de cinquante sols au Capitaine en second ou Lieutenant, neuf sols au Brigadier, & de sept sols à chacun des dix-sept hommes à cheval.

Masse des compagnies à cheval.

Outre la solde desdites deux compagnies à cheval, la Masse sera payée à ces deux compagnies, seulement sur le pied complet, à raison de dix deniers par jour pour chacun des dix-huit hommes, les Officiers non compris, dont chaque compagnie se trouve composée; & il en sera usé pour la distribution de cette masse sur le même pied qu'il est ci-dessus réglé à l'égard des troupes légères.

A commencer du premier mars 1751, que le traitement ci-dessus aura lieu, l'entretien des quatre compagnies de ce régiment, dont le Colonel étoit seul chargé, sera à la charge des Capitaines qui les commandent.

Etat-major.

L'Etat-major dudit régiment sera payé sur le pied par jour de huit livres six sols huit deniers au Colonel, qui n'aura point de compagnie, & de quatre livres aussi par jour à l'Aide-major.

FUSILIERS de MONTAGNE.

Le corps de Fusiliers de Montagne, réduit à cent vingt hommes par ordonnance du 10 novembre 1748, formant trois compagnies de quarante hommes chacune, sera payé sur le pied par jour, savoir:

Compagnie de quarante hommes.

Chaque compagnie, à raison de trois livres au Capitaine en pied, cinquante sols au Capitaine en second, trente sols au Lieutenant, quinze sols à chacun des trois Brigadiers, onze sols à chacun des trois Sous-brigadiers, & neuf sols à chacun des trente-trois Fusiliers & au Tambour.

Retenue pour l'habillement.

Il sera retenu pour l'habillement, équipement & armement desdites trois compagnies, quatre sols par jour sur la solde de chaque Brigadier, trois sols sur celle de chaque Sous-brigadier, & deux sols sur celle de chaque Fusilier ou Tambour: Mais comme cette retenue ne peut avoir lieu que pour le nombre d'hommes dont la solde sera payée suivant les revûes, ce qui opéreroit un vuide au Capitaine dans les fonds destinés aux réparations de sa troupe, & Sa Majesté voulant y suppléer, Elle veut bien prendre sur son compte les deux sols affectés à l'habillement, équipement & armement de chaque Fusilier, qui, suivant les revûes, manquera au complet de chaque compagnie, pour composer à la fin de l'année une Masse compléte sur le pied ci-dessus, laquelle demeurera entre les mains du Trésorier général de l'Extraordinaire des guerres, pour être payée sur la main-levée d'un Inspecteur d'Infanterie; au moyen de quoi chaque Capitaine sera chargé de l'entretien général de sa troupe.

Etat-major. Le Commandant dudit corps recevra cinq livres par jour, tant pour ses appointemens en ladite qualité, que pour lui tenir lieu de ceux de Capitaine, ne devant être attaché à aucune compagnie; & l'Aide major cinquante sols.

Officiers réformés des troupes légères. Les Officiers réformés qui sont entretenus à la suite des troupes légères, y seront payés des appointemens qui leur ont été réglés tous les mois par les ordres qui les ont attachés à chaque corps, en passant présens aux revûes.

V.

INFANTERIE SUISSE ET GRISONNE.

Suisses & Grisons. Les cent huit compagnies des neuf régimens Suisses & Grisons, formant vingt-sept bataillons, chaque bataillon de quatre compagnies, réduites chacune, par ordonnance du 10 décembre 1748, à cent vingt hommes, les Officiers compris, seront payées sur le pied de seize livres par mois pour chaque homme & pour chacune des trente-deux payes de gratification, y compris les cinq payes de supplément accordées par l'ordonnance du 6 décembre 1749; lesquelles trente-deux payes de gratification seront données au Capitaine de chaque compagnie, à tel nombre

1. Février 1751.

d'hommes qu'elle passe aux revûes des Commissaires des guerres.

Au moyen du traitement ci-dessus, chaque Capitaine doit avoir & entretenir dans sa compagnie, un Capitaine-lieutenant à cent livres par mois, un Lieutenant à soixante-quinze livres, un Sous-lieutenant à cinquante livres, un Enseigne à quarante-sept livres, deux Sergens à vingt-cinq livres chacun, deux autres Sergens à vingt livres chacun, un Fourrier à vingt livres, un Porte-enseigne & un Capitaine d'armes à dix-huit livres chacun, un Prevôt à quinze livres, six Caporaux, six Anspessades & quatre-vingt-quinze Fusiliers, compris les Tambours & Fifre: Voulant au surplus Sa Majesté, que dans les compagnies dont les Capitaines ne servent point au corps, le Capitaine-commandant reçoive cent trente livres.

A l'égard des compagnies qui sont composées de deux demi-compagnies, Sa Majesté trouve bon que les Capitaines dont les compagnies seront ainsi couplées, y servent alternativement pendant un an, & que celui des deux qui pourra s'absenter, soit payé comme présent.

Sa Majesté veut bien aussi que les Capitaines commandant les compagnies dont les Capitaines servent à d'autres emplois, s'absentent alternativement; mais Elle ordonne que pendant l'année de leur absence, ils ne reçoivent que cinquante livres par mois, au lieu de cent trente livres qu'ils ont pendant l'année de leur service.

L'Etat-major de chacun desdits neuf régimens Suisses & Grisons, sera payé à raison de mille livres par mois dans le lieu où la compagnie colonelle se trouvera. *Etat-major.*

La compagnie Suisse d'Heuberger, de quatre-vingts hommes, sera payée sur le pied de seize livres par homme par mois, & pour chacune des treize payes & demie de gratification que le Capitaine doit avoir, sa compagnie étant de soixante-douze jusqu'à quatre-vingts hommes, les Officiers compris, huit desdites payes à soixante-cinq & au dessus jusqu'à soixante-onze inclusivement; ne devant être payé que pour les effectifs, sans payes de gratification, *Compagnie Suisse d'Heuberger.*

si la compagnie se trouve au dessous dudit nombre de soixante-cinq.

Compagnies de Reynold, & de Travers.

Les compagnies Suisses de Reynold, & de Grisons de Travers, de cinquante hommes chacune, les Officiers compris, seront payées sur le pied de seize livres par homme par mois, & pour chacune des sept payes de gratification que le Capitaine de chacune de ces deux compagnies recevra lorsque sa compagnie se trouvera composée de quarante-deux jusqu'à cinquante hommes, & cinq payes lorsqu'elle sera de trente-huit jusqu'à quarante-un; n'en pouvant prétendre aucune, sa compagnie étant au dessous dudit nombre de trente-huit hommes, les Officiers compris.

Retenue pour l'absence des Officiers Suisses & Grisons.

S'il arrive qu'un Officier des compagnies des régimens Suisses & Grisons, & des trois compagnies d'Heuberger, Reynold & Travers, s'absente sans congé, ou qu'il outrepasse celui qui lui aura été accordé, il sera retenu sur la solde de ladite compagnie, indépendamment de la paye personnelle de l'Officier, huit payes par mois pour l'absence du Capitaine titulaire, Capitaine-commandant & Capitaine-lieutenant, six payes pour celle du Lieutenant, quatre pour celle du Sous-lieutenant, & trois pour celle de l'Enseigne, pendant le temps que l'absence de l'Officier aura duré.

V I.

INFANTERIE ETRANGERE.

ALLEMANDS. *DIX RÉGIMENS. Compagnies.*

LES vingt-quatre compagnies qui composent les trois bataillons du régiment d'Alsace, les seize compagnies des deux bataillons de chacun des régimens de Bentheim cidevant Saxe, la Marck, Royal-Suédois, Royal-Bavière & Lowendal, & les huit compagnies de chacun des régimens de Nassau-Saarbruck, Fersen, la Dauphine & Saint-Germain, de soixante-quinze hommes chacune, seront payées sur le pied de treize livres par homme par mois, & pour chacune des neuf payes de gratification que Sa Majesté accorde au Capitaine, sa compagnie étant complète de soixante-

ſoixante-quinze hommes, ſept à ſoixante-quatorze, cinq à ſoixante-treize, quatre à ſoixante-douze, trois à ſoixante-onze, deux à ſoixante-dix, & rien au deſſous dudit nombre de ſoixante-dix hommes.

Il ſera payé de plus par mois, quatre-vingt-dix livres au Capitaine en pied de chaque compagnie; pareilles quatre-vingt-dix livres au Capitaine en ſecond ou réformé; ſoixante livres au premier Lieutenant, cinquante-une livres au Lieutenant en ſecond, & quarante-huit livres à l'Enſeigne: Entendant Sa Majeſté que dans le nombre de ſoixante-quinze hommes de chaque compagnie, ſoient compris & payés par le Capitaine, un premier Sergent à treize ſols par jour, deux autres à douze ſols, un Fourrier & un Capitaine d'armes à neuf ſols chacun, un Fourrier-ſchutz à huit ſols, trois Caporaux & deux Tambours à ſept ſols, quatre Anſpeſſades & ſix Grenadiers à ſix ſols chacun, & cinquante-quatre Fuſiliers à cinq ſols ſix deniers chacun.

Seconds Capitaines en ſecond, & ſeconds Lieutenans en ſecond du régiment Royal-Suédois.

Les ſeconds Capitaines en ſecond, & les ſeconds Lieutenans en ſecond, qui, en conſéquence de l'article IV de l'ordonnance du 10 décembre 1748, & de l'article III de celle du premier février 1749, ſe trouvent conſervés dans les ſeize compagnies du régiment Royal-Suédois, continueront d'y être payés ſur le pied par mois, ſavoir; chaque Capitaine en ſecond, de quatre-vingt-dix livres, & chaque Lieutenant en ſecond, de quarante-huit livres; leſquelles places de ſeconds Capitaines en ſecond & ſeconds Lieutenans en ſecond, ſeront éteintes à meſure qu'elles deviendront vacantes, ſoit par la nomination de ceux qui les rempliſſent à d'autres emplois, ou de quelqu'autre manière que ce ſoit.

Régimens de Bergh, & de Royal-Pologne. Compagnies.

Les ſix compagnies de chacun des régimens de Bergh & de Royal-Pologne, de cent hommes chacune, ſeront payées ſur le pied de treize livres par mois par homme, & pour chacune des douze payes de gratification que le Roy accorde au Capitaine, ſa compagnie étant complète de cent hommes, dix à quatre-vingt-dix-neuf, huit à quatre-vingt-dix-huit, ſix à quatre-vingt-dix-ſept, quatre à quatre-vingt-seize, deux à quatre-vingt-quinze, & aucune paye de gratification au dessous dudit nombre de quatre-vingt-quinze hommes.

Il sera payé de plus par mois, quatre-vingt-dix livres au Capitaine en pied de chaque compagnie; pareilles quatre-vingt-dix livres au Capitaine en second ou réformé; soixante livres au premier Lieutenant, cinquante-une livres au Lieutenant en second, & quarante-huit livres à l'Enseigne: ordonnant Sa Majesté que dans le nombre des cent hommes qui formeront chaque compagnie, soient compris & payés par le Capitaine, un premier Sergent à treize sols par jour, deux autres Sergens à douze sols, un autre à onze sols; un Fourrier, un Capitaine d'armes, à neuf sols chacun, deux Fourriers-schutz à huit sols, quatre Caporaux & deux Tambours à sept sols, six Anspessades & six Grenadiers à six sols chacun, & soixante-quatorze Fusiliers à cinq sols six deniers chacun.

Etat-major des six premiers régimens Allemands.

L'Etat-major de chacun des régimens Allemands d'Alsace, Bentheim, la Marck, Royal-Suédois, Royal-Bavière & Lowendal, sera payé sur le pied par mois, de mille livres au Colonel, cent soixante livres au Lieutenant-colonel, indépendamment de ce qu'ils reçoivent comme Capitaine; trois cens livres au Major, cent livres à l'Interprète, quatre-vingt-dix livres à l'Aide-major, qui ne pourra y avoir d'autre charge; quarante-cinq livres à l'Aumônier, cinquante livres à chacun des Chirurgien & Auditeur, quarante livres au Prevôt, vingt livres à chacun des Greffier & Tambour-major, & dix-huit livres à chacun des deux Archers & à l'Exécuteur de justice, soixante livres à chaque Commandant des second & troisième bataillons, outre ce qu'il reçoit comme Capitaine; & quatre-vingt-dix livres à chaque Aide-major desdits bataillons.

Commandans & Aide-majors de bataillon.

Etat-major des six derniers régimens Allemands.

L'Etat-major de chacun des régimens de Nassau-Saarbruck, Fersen, la Dauphine, Saint-Germain, Bergh & Royal-Pologne, sera payé sur le pied par mois, de cinq cens soixante livres au Colonel, tant pour lui, indépendamment de son traitement de Capitaine, que pour l'entretien de l'Aumônier, du Chirurgien, de l'Auditeur, du

Prevôt, du Greffier, du Tambour-major, des deux Archers & de l'Exécuteur de justice; de cent cinquante livres aussi par mois au Lieutenant-colonel, outre son traitement de Capitaine; deux cens livres au Major, & quatre-vingt-dix livres à l'Aide-major, qui ne pourra avoir d'autre charge dans le régiment.

Appointemens conservés aux anciens Commandans de bataillon.

Les Officiers qui commandoient les bataillons réformés par les réductions ordonnées dans les régimens d'Infanterie Allemande, les 10, 26 décembre 1748, & premier février 1749, & qui ont passé avec leur compagnie dans les bataillons restés sur pied, en conservant le titre & le rang de Commandant de bataillon, continueront de jouir, indépendamment de leur traitement de Capitaine, des mêmes appointemens de soixante livres chacun par mois, qu'ils avoient en ladite qualité de Commandant de bataillon, jusqu'à ce qu'ils soient remplacés.

Officiers réformés à la suite desdits régimens Allemands.

Les Officiers réformés entretenus à la suite desdits douze régimens, y seront payés sur le pied par mois, de cent livres au Colonel, quatre-vingt-trois livres six sols huit deniers au Lieutenant-colonel, & cinquante livres au Capitaine; à l'exception cependant des Colonels & Lieutenant-colonels, auxquels il auroit été réglé des appointemens différens, dont ils continueront de jouir, en conséquence des ordres particuliers qui leur ont été expédiés.

Officiers réformés entretenus dans les places, ou qui composent les brigades.

Les Officiers réformés qui sont entretenus, soit dans les places, ou qui composent les brigades desdits régimens Allemands, continueront de jouir, en conséquence de l'ordonnance du premier mai 1737 & de l'état y joint, savoir; les Capitaines de la première classe, de quatre-vingt-dix livres par mois, ceux de la seconde de soixante livres, ceux de la troisième de cinquante livres, & ceux de la quatrième de trente-sept livres dix sols; & les Lieutenans de la première classe de quarante-huit livres, ceux de la seconde de trente livres, & ceux de la troisième de vingt livres.

Commandans des brigades d'Alsace, la Marck & Royal-Suédois.

Les sieurs de Valbrun, commandant la brigade d'Alsace; Commerfort, commandant celle de la Marck, & Hieronimy, commandant celle de Royal-Suédois, continueront d'être payés sur le pied de quatre-vingt-dix livres chacun par mois; & ceux qui les remplaceront dans le commandement desdites brigades, recevront le même traitement.

Commandant de la brigade françoise.

Le sieur de Lort, commandant la brigade à la paye françoise, recevra, suivant l'article VII de ladite ordonnance du premier mai 1737, vingt-cinq livres par mois en ladite qualité, outre les trente-sept livres dix sols à lui attribuées, aussi par mois, en celle de Capitaine.

RÉGIMENT ROYAL-ITALIEN.

Le régiment Royal-Italien, réduit, en conséquence de l'ordonnance du 16 février 1749, à deux compagnies de Grenadiers de trente hommes chacune, & douze compagnies de Fusiliers de quarante hommes, sera payé sur le pied par jour, savoir :

Compagnies de Grenadiers.

Chacune des deux compagnies de Grenadiers, de trente hommes, à raison de six livres au Capitaine, trois livres quatre sols au Lieutenant, deux livres au Sous-lieutenant, quinze sols à chacun des trois Sergens, dix sols dix deniers à chacun des trois Caporaux, neuf sols cinq deniers à chacun des cinq Anspessades & au Tambour, & huit sols à chacun des dix-huit Grenadiers. Le Capitaine recevra de plus quatre payes de gratification, de huit sols chacune, sa compagnie étant compléte de trente hommes, & trois seulement de vingt-cinq à vingt-neuf; n'en devant recevoir aucune, sa compagnie étant au dessous dudit nombre de vingt-cinq hommes.

Veut Sa Majesté que lorsque ces deux compagnies seront réduites au nombre de vingt-cinq hommes, elles soient réunies pour n'en former qu'une de cinquante Grenadiers, qui ne seront point remplacés jusqu'à ce que la compagnie soit réduite au nombre de quarante-cinq : à l'égard des Officiers des deux compagnies, ils seront conservés dans celle qui subsistera, avec les mêmes appointemens dont ils jouissent ; mais ils ne seront point remplacés, jusqu'à ce qu'il n'en reste plus qu'un de chaque espèce. Quant aux payes de gratification, lorsque les deux compagnies seront réunies pour n'en former qu'une de cinquante Grenadiers, le Capitaine recevra sept payes de huit sols chacune, sa compagnie étant compléte de cinquante

cinquante hommes, & six seulement de quarante-cinq à quarante-neuf.

Et ladite compagnie étant réduite au nombre de quarante-cinq hommes, ledit Capitaine recevra cinq payes de gratification, sa compagnie étant compléte de quarante-cinq hommes, trois à quarante-quatre, une seulement à quarante-trois, & rien au dessous dudit nombre de quarante-trois hommes.

Compagnies de Fusiliers.

Chacune des douze compagnies de Fusiliers, de quarante hommes, à raison de cinq livres au Capitaine, trois livres au Capitaine en second, quatorze sols à chacun des trois Sergens, neuf sols dix deniers à chacun des trois Caporaux, huit sols cinq deniers à chacun des cinq Anspessades & au Tambour, sept sols six deniers à chacun des dix appointés, & sept sols à chacun des dix-huit Fusiliers. Le Capitaine recevra de plus cinq payes de gratification, de sept sols chacune, sa compagnie étant compléte de quarante hommes, trois à trente-neuf, deux à trente-huit, & aucune paye de gratification au dessous dudit nombre de trente-huit hommes.

Les Capitaines en second ne pourront être remplacés dans ces compagnies que par des Lieutenans, aux appointemens de quarante sols chacun par jour.

Enseignes.

Les deux Enseignes conservés pour porter les deux drapeaux que Sa Majesté a réglé qu'il y auroit à l'avenir dans ce régiment, recevront chacun trente sols par jour.

Etat-major & Prevôté du régiment Royal-Italien.

L'Etat-major dudit régiment sera payé à raison de seize livres treize sols quatre deniers au Colonel, quatre livres au Lieutenant-colonel, indépendamment de leurs appointemens de Capitaine; dix livres au Major, cinq livres à l'Interprète, trois livres à l'Aide-major, trente sols au Maréchal-des-logis, quarante sols à l'Aumônier, quinze sols au Chirurgien, quarante sols au Prevôt, vingt sols à son Lieutenant, douze sols six deniers au Greffier, huit sols quatre deniers à chacun des cinq Archers & à l'Exécuteur de justice, & dix sols au Tambour-major.

Appointemens conservés. Les Commandans des deux bataillons réformés dans ce régiment, qui ont passé avec leurs compagnies dans le bataillon conservé, en conservant le titre & le rang de Commandant de bataillon, continueront de jouir, indépendamment de leur traitement de Capitaine, des quarante sols qu'ils avoient chacun par jour en ladite qualité de Commandant de bataillon, jusqu'à ce qu'ils soient remplacés.

Le Capitaine de la troisième compagnie de Grenadiers qui a été réformée, recevra vingt sols de supplément d'appointemens par jour, pour, avec cinq livres qu'il reçoit comme Capitaine d'une compagnie de Fusiliers, lui faire six livres par jour, jusqu'à ce qu'il soit pourvû d'un emploi qui lui procure les mêmes appointemens.

RÉGIMENT ROYAL-CORSE. Le régiment Royal-Corse, composé, en conséquence de l'ordonnance du 16 février 1749, de cinq cens vingt-cinq hommes en treize compagnies, celle de Grenadiers de quarante-cinq, & les douze compagnies de Fusiliers de quarante hommes chacune, sera payé sur le pied par jour, savoir:

Compagnie de Grenadiers. La compagnie de Grenadiers à raison de six livres au Capitaine, trois livres quatre sols au Lieutenant, deux livres au Sous-lieutenant, quinze sols à chacun des trois Sergens, dix sols dix deniers à chacun des trois Caporaux, neuf sols cinq deniers à chacun des cinq Anspessades & au Tambour, & huit sols à chacun des trente-trois Grenadiers. Le Capitaine recevra de plus quatre payes de gratification, de huit sols chacune, sa compagnie étant complète de quarante-cinq hommes, trois à quarante-quatre, une seulement à quarante-trois, & rien au dessous dudit nombre de quarante-trois hommes.

Compagnies de Fusiliers. Chacune des douze compagnies de Fusiliers, à raison de cinq livres au Capitaine, deux livres au Lieutenant, quatorze sols à chacun des trois Sergens, neuf sols dix deniers à chacun des trois Caporaux, huit sols cinq deniers à chacun des cinq Anspessades & au Tambour, sept sols six deniers à chacun des dix appointés, & sept sols à

1. Février 1751.

chacun des dix-huit Fusiliers. Le Capitaine recevra de plus quatre payes de gratification, de sept sols chacune, sa compagnie étant compléte de quarante hommes, trois à trente-neuf, deux à trente-huit, & aucune paye de gratification sa compagnie étant au dessous dudit nombre de trente-huit hommes.

Enseignes.

Les deux Enseignes conservés pour porter les deux drapeaux que Sa Majesté a réglé qu'il y auroit à l'avenir dans ce régiment, recevront chacun trente sols par jour.

Etat-major du régiment Royal-Corse, sans prevôté.

L'Etat-major dudit régiment sera payé à raison de seize livres treize sols quatre deniers au Colonel, trois livres au Lieutenant-colonel, indépendamment de leurs appointemens de Capitaine; huit livres au Major, trois livres à l'Aide-major, trente sols au Maréchal-des-logis, quarante sols à l'Aumônier, quinze sols au Chirurgien, & dix sols au Tambour-major.

Officiers réformés à la suite de Royal-Italien & Royal-Corse.

Les Officiers réformés, entretenus à la suite des régimens Royal-Italien & Royal-Corse, y seront payés, en passant présens aux revûes, sur le pied par mois, savoir, le Colonel de cent livres, le Lieutenant-colonel de quatre-vingt-trois livres six sols huit deniers, & le Capitaine de quarante-une livres treize sols quatre deniers; à l'exception cependant des Colonels & Lieutenant-colonels auxquels il a été réglé des appointemens différens, dont ils continueront de jouir, en conséquence des ordres particuliers qui leur ont été expédiés.

Trois premiers RÉGIMENS IRLANDOIS & deux RÉGIMENS ECOSSOIS.

Les régimens Irlandois de Bulkeley, Clare & Dillon, & ceux de Royal-Ecossois & Ogilvy, composés chacun, suivant l'ordonnance du 12 février 1749, de quatre cens soixante-cinq hommes en treize compagnies, dont une de Grenadiers de quarante-cinq, & douze de Fusiliers de trente-cinq hommes chacune, seront payés sur le pied par jour, savoir:

Compagnie de Grenadiers.

La compagnie de Grenadiers, à raison de six livres au Capitaine, trois livres six sols huit deniers au Capitaine en second, trois livres dix sols au Lieutenant, trente sols au Lieutenant en second, seize sols à chacun des deux

Sergens, onze sols six deniers à chacun des trois Caporaux, dix sols six deniers à chacun des trois Anspessades, & neuf sols six deniers à chacun des trente-six Grenadiers & un Tambour. Le Capitaine recevra de plus trois payes de gratification de neuf sols six deniers chacune, sa compagnie étant compléte de quarante-cinq hommes, deux à quarante-quatre, une seulement à quarante-trois, & rien au dessous dudit nombre de quarante-trois hommes.

Compagnies de Fusiliers. Chacune des douze compagnies de Fusiliers, de trente-cinq hommes, à raison de cinq livres au Capitaine, trois livres six sols huit deniers au Capitaine en second, quarante-cinq sols au Lieutenant, trente sols au Lieutenant en second, quinze sols à chacun des deux Sergens, dix sols six deniers à chacun des trois Caporaux, neuf sols six deniers à chacun des trois Anspessades, & huit sols six deniers à chacun des vingt-six Fusiliers & un Tambour. Le Capitaine recevra de plus trois payes de gratification, de huit sols six deniers chacune, sa compagnie étant compléte de trente-cinq hommes, deux à trente-quatre, une à trente-trois, & rien au dessous dudit nombre de trente-trois hommes.

Enseignes. L'Enseigne qui est en chacune des compagnies Colonelle & Lieutenante-colonelle, pour porter les deux drapeaux que Sa Majesté a réglé qu'il y auroit à l'avenir en chaque régiment, recevra trente-six sols par jour.

Etat-major. L'Etat-major de chacun desdits cinq régimens, sera payé sur le pied de treize livres six sols huit deniers au Colonel, quarante-cinq sols au Lieutenant-colonel, indépendamment de leurs appointemens de Capitaine; six livres treize sols quatre deniers au Major, cinq livres à l'Interprète, trois livres à l'Aide-major, quarante sols à l'Aumônier, & trente sols à chacun des Chirurgien & Maréchal-des-logis; & cinq livres au second Interprète attaché au régiment Royal-Ecossois, par l'article III de l'ordonnance du 20 décembre 1748, concernant l'incorporation du régiment d'Albanie.

Le Colonel de chacun desdits cinq régimens, jouira de

1. février 1751.

de quatre mille ſept cens livres de penſion attachée à ſa charge, au moyen de quoi il ne pourra rien retenir ſur la maſſe des Sergens, Caporaux, Anſpeſſades, Grenadiers, Soldats & Tambours, qui doivent recevoir leur paye entière, à la déduction ſeulement de ce qui ſera mis à la maſſe pour leur habillement.

Trois derniers RÉGIMENS IRLANDOIS.

Les régimens Irlandois de Roth, Berwick & Lally, composés chacun, en conſéquence de l'ordonnance du 12 février 1749, de quatre cens ſoixante-cinq hommes en treize compagnies, dont une de Grenadiers de quarante-cinq hommes, & douze de Fuſiliers de trente-cinq hommes, ſeront payés ſur le pied par jour, ſavoir:

Compagnie de Grenadiers.

La compagnie de Grenadiers, à raiſon de quatre livres quinze ſols au Capitaine, quarante-cinq ſols dix deniers au Capitaine en ſecond, cinquante-un ſols au Lieutenant, & vingt-un ſols huit deniers au Lieutenant en ſecond: les quarante-cinq Sergens, Caporaux, Anſpeſſades, Grenadiers & Tambour, ſeront payés ſur le même pied ci-deſſus réglé pour les compagnies de Grenadiers des trois premiers régimens Irlandois, & le Capitaine recevra les trois payes de gratification qui y ſont énoncées.

Compagnies de Fuſiliers.

Chacune des douze compagnies de Fuſiliers, ſur le pied de trois livres quinze ſols au Capitaine, quarante-cinq ſols dix deniers au Capitaine en ſecond, trente-deux ſols ſix deniers au Lieutenant, & vingt-un ſols huit deniers au Lieutenant en ſecond: les trente-cinq Sergens, Caporaux, Anſpeſſades, Fuſiliers & Tambour, ſeront payés ſur le même pied ci-deſſus réglé pour les compagnies de Fuſiliers des trois premiers régimens Irlandois; & le Capitaine recevra les trois payes de gratification qui y ſont énoncées.

Enſeignes.

L'Enſeigne qui eſt en chacune des compagnies Colonelle & Lieutenante-colonelle, pour porter les deux drapeaux que Sa Majeſté a réglé qu'il y auroit à l'avenir en chaque régiment, recevra vingt-cinq ſols ſix deniers par jour.

Etat-major & Prevôté.

L'Etat-major de chacun deſdits trois régimens, ſera

payé ſur le pied de ſept livres dix ſols au Colonel, trente-deux ſols ſix deniers au Lieutenant-colonel, indépendamment de leurs appointemens de Capitaine; quatre livres onze ſols huit deniers au Major, quarante-ſix ſols huit deniers à l'Aide-major, vingt-cinq ſols à chacun des Aumônier & Maréchal-des-logis, vingt ſols au Chirurgien, vingt-ſix ſols huit deniers au Prevôt, treize ſols quatre deniers à ſon Lieutenant, huit ſols quatre deniers au Greffier, & cinq ſols à chacun des cinq Archers & à l'Exécuteur de juſtice.

Officiers réformés des huit régimens Irlandois & Ecoſſois.

Les Officiers réformés entretenus à la ſuite deſdits huit régimens Irlandois & Ecoſſois, y ſeront payés, en paſſant préſens aux revûes, ſur le pied par mois, de cent livres à chaque Colonel, quatre-vingt-trois livres ſix ſols huit deniers à chaque Lieutenant-colonel, & ſoixante-ſix livres treize ſols quatre deniers à chaque Capitaine; indépendamment de ceux deſdits Officiers réformés qui ſont employés à la ſuite des régimens Royal-Ecoſſois & d'Ogilvy, provenant de l'incorporation qui y a été faite de celui d'Albanie, leſquels ſeront payés en paſſant préſens aux revûes ſur le pied réglé par l'ordonnance du 20 décembre 1748, ſavoir, de cent cinquante livres par mois au Lieutenant-colonel, cent trente-cinq livres au Capitaine de Grenadiers, cent cinq livres à chaque Capitaine & au Major, quatre-vingt-deux livres dix ſols à chaque Capitaine en ſecond, de quatre-vingt-dix livres au Lieutenant de Grenadiers, de cinquante-deux livres dix ſols à chaque Lieutenant, y compris l'Aide-major, & de quarante-cinq livres à chaque Lieutenant en ſecond réformés: à l'égard des Colonels & Lieutenant-colonels auxquels il auroit été réglé des appointemens différens que ceux ci-deſſus fixés, ils continueront d'en jouir, en conſéquence des ordres particuliers qui leur ont été expédiés.

Outils.

Veut Sa Majeſté qu'il y ait toûjours en chaque compagnie de ſon Infanterie françoiſe ou étrangère, dix outils propres à remuer la terre, que les Soldats de

1. Février 1751.

chaque chambrée porteront tour à tour avec leurs armes.

Les Ingénieurs auxquels Sa Majesté a accordé des réformes, seront payés dans les places de leur résidence, en vertu des reliefs qui leur seront expédiés de six en six mois, sur le pied de neuf cens livres à chaque Colonel, sept cens livres à chaque Lieutenant-colonel, quatre cens cinquante livres à chaque Capitaine, & deux cens quarante livres à chaque Lieutenant. *Ingénieurs.*

Sa Majesté trouve bon que le sol d'augmentation par jour, accordé à chaque Sergent, & les six deniers à chaque Caporal, Anspessade, Grenadier, Soldat & Tambour, pour s'entretenir de linge & chaussure, leur soit continué pendant les marches, dans les lieux où l'étape sera fournie, même aux deux cens soixante Soldats surnuméraires que Sa Majesté a bien voulu entretenir dans son régiment d'Infanterie, sur le pied de cinq en chacune des cinquante-deux compagnies dont il est composé; & il sera payé un supplément de solde aux troupes d'Infanterie étrangère, & au régiment Royal-Artillerie, sur le pied qui sera réglé par une ordonnance particulière. *Solde pendant la marche de l'Infanterie françoise & étrangère.*

VII.

GENDARMERIE.

Les Officiers des Gardes-du-corps du Roy, servant à la Cornette, seront payés sur le pied par jour, de six livres à chacun des trois Lieutenans, cinq livres à chacun des trois Enseignes, trois livres à chacun des douze Exempts, l'Aide-major compris, ainsi que le Sous-aide-major établi par ordonnance du 9 juin 1745; quarante sols à chacun des neuf Brigadiers, trente-cinq sols à chacun des neuf Sous-brigadiers, trente-trois sols à chacun des deux cens quatre-vingt-deux Gardes, des six Trompettes & un Timbalier, quarante sols à l'Aumônier, & vingt sols au Chirurgien: le tout en chacune des quatre compagnies desdits Gardes-du-corps. *Gardes-du-corps du Roy.*

La compagnie des Grenadiers à cheval de Sa Majesté, composée de cent trente Grenadiers, non compris les *Grenadiers a cheval.*

Tambours, sera payée sur le pied par jour, de dix livres au Capitaine-lieutenant, de six livres à chacun des trois Lieutenans, quatre livres à chacun des trois Sous-lieutenans, trois livres à chacun des trois Maréchaux-des-logis, quarante sols à chacun des six Sergens, trente-un sols à chacun des trois Brigadiers, vingt-six sols à chacun des six Sous-brigadiers, vingt-quatre sols à chacun des six Appointés & un Porte-étendard, vingt-un sols à chacun des cent huit Grenadiers & quatre Tambours, & quarante sols à l'Aumônier établi dans ladite compagnie par ordonnance particulière du 9 février 1734.

Gendarmes & Chevaux-légers de la garde du Roy.

Les grands Officiers des compagnies de Gendarmes & de Chevaux-légers de la garde du Roy, & les cinquante Gendarmes & cinquante Chevaux-légers, deux Trompettes & un Timbalier de chaque compagnie servant par quartier près Sa Majesté, continueront à être payés suivant les états & ordres qui seront expédiés à cet effet.

Il sera payé trente sols par jour à chacun des Brigadiers, Sous-brigadiers, cent cinquante Gendarmes, & cent cinquante Chevaux-légers, & deux Trompettes, de chacune desdites deux compagnies servant à la Cornette; & vingt sols à chacun des sept petits Officiers, aussi de chaque compagnie, savoir, un Aumônier, deux Fourriers, deux Chirurgiens, un Sellier & un Maréchal ferrant.

Mousquetaires de la garde du Roy.

Chacune des deux compagnies de Mousquetaires de la garde du Roy, sera payée à raison de trente livres par jour au Capitaine-lieutenant, qui est vingt livres pour les appointemens de Capitaine, & dix livres pour ceux de Lieutenant; six livres treize sols quatre deniers à chacun des deux Sous-lieutenans, cinq livres à chacun des deux Enseignes & deux Cornettes, cinquante sols à chacun des dix Maréchaux-des-logis, quarante-deux sols à chacun des quatre Brigadiers, quarante sols à chacun des dix-huit Sous-brigadiers & cent soixante-dix-huit Mousquetaires, compris les deux mis d'augmentation en chaque compagnie, par ordonnance du premier mai 1747; cinquante sols à chacun des quatre Hautbois, & trente sols à chacun des

des six Tambours & des six petits Officiers, savoir, un Aumônier, un Chirurgien, un Apothicaire, un Fourrier, un Sellier & un Maréchal ferrant.

GENDARMERIE. Grands Officiers des compagnies de Gendarmes.

Les grands Officiers des dix compagnies de Gendarmes de la Gendarmerie, continueront d'être payés suivant les états que Sa Majesté fera expédier; & les Maréchaux-des-logis, Brigadiers, Sous-brigadiers, Porte-étendards, Gendarmes, Trompettes & Timbaliers, sur le même pied de ceux des compagnies de Chevaux-légers, ainsi qu'il est ci-après expliqué.

Compagnies de Chevaux-légers.

Chacune des six compagnies de Chevaux-légers de ladite Gendarmerie, composée d'un Capitaine-lieutenant, un Sous-lieutenant, deux Cornettes, quatre Maréchaux-des-logis, deux Brigadiers, deux Sous-brigadiers, un Porte-étendard, quarante-trois Chevaux-légers, & deux Trompettes, sera payée à raison de neuf livres par jour au Capitaine-lieutenant, qui est six livres en qualité de Capitaine, & trois livres en celle de Lieutenant; trois livres au Sous-lieutenant, quarante-cinq sols à chaque Cornette, quarante-six sols à chaque Maréchal-des-logis, vingt-six sols six deniers à chaque Brigadier & Sous-brigadier, dix-huit sols quatre deniers au Porte-étendard, quinze sols à chaque Chevau-léger, & vingt-deux sols à chaque Trompette.

Aumôniers & Timbaliers.

Il sera payé vingt-deux sols aussi par jour à chacun des huit Timbaliers entretenus dans les huit premières compagnies, & trente sols à chacun des deux Aumôniers de ladite Gendarmerie.

Etat-major de la Gendarmerie.

Les Officiers de l'Etat-major de ladite Gendarmerie, étant payés de leurs appointemens à l'Ordinaire des guerres, il n'en sera point fait ici mention.

VIII.

CAVALERIE, CARABINIERS, HUSSARDS ET DRAGONS.

CAVALERIE. Compagnies.

LES quatre cens quarante-quatre compagnies qui, en conséquence des ordonnances des premier septembre,

30 octobre 1748, & 15 mars 1749, composent les cent onze escadrons des cinquante-cinq régimens de Cavalerie françoise, chaque escadron de quatre compagnies de trente Maîtres, seront payées chacune sur le pied par jour, de cinq livres au Capitaine, cinquante sols au Lieutenant, vingt-six sols huit deniers au Maréchal-des-logis, huit sols à chacun des deux Brigadiers, & sept sols à chacun des vingt-huit Cavaliers, y compris le Trompette & le Timbalier où il doit y en avoir.

Sous-lieutenans & Cornettes en charge.

Le Sous-lieutenant qui est dans la compagnie Colonelle du Colonel général de la Cavalerie, le Cornette-blanc qui est dans ladite compagnie, & le Cornette qui est en chacune des compagnies Mestre-de-camp des régimens du Mestre-de-camp général & du Commissaire général de la Cavalerie, recevront, savoir, le Sous-lieutenant cinquante sols par jour, le Cornette-blanc & chacun des deux autres, trente-sept sols six deniers aussi par jour.

Etat-major des régimens des Colonel, Mestre-de-camp, & Commissaire général de la Cavalerie.

Sa Majesté ayant conservé par ses ordonnances des premier septembre, & 30 octobre 1748, les compagnies aux Mestre-de-camps des régimens Colonel, Mestre-de-camp, & Commissaire général; l'Etat-major de chacun desdits régimens du Colonel, Mestre-de-camp & Commissaire général, sera payé sur le pied par jour, savoir, le Lieutenant-colonel, qui ne doit point avoir de compagnie dans le régiment, six livres six sols huit deniers d'appointemens, & cinq livres à titre d'augmentation de traitement; cinq livres au Major, & cinquante sols à l'Aide-major; le Mestre-de-camp ne devant point avoir d'appointemens, attendu qu'il conserve sa compagnie.

Etat-major des cinquante-deux régimens de Cavalerie françoise.

L'Etat-major de chacun des cinquante-deux autres régimens de Cavalerie françoise, sera payé sur le pied par jour, savoir, six livres treize sols quatre deniers au Mestre-de-camp, qui ne doit point avoir de compagnie; Et le Lieutenant-colonel qui ne doit point avoir aussi de compagnie dans le régiment, le Major, & l'Aide-major, recevront les mêmes appointemens ci-dessus réglés pour ceux de même grade des régimens du Colonel, Mestre-de-camp & Commissaire général.

1. fevrier 1751.

47

Capitaines réformés.

Les Capitaines de Cavalerie françoiſe, qui ſe ſont trouvés dans le cas de la réforme ordonnée les premier ſeptembre, 30 octobre 1748, & 15 mars 1749, & qui ont été entretenus à la ſuite deſdits régimens en qualité de Capitaine réformé, juſqu'à leur remplacement, y ſeront payés de leurs appointemens ſur le pied de cent cinquante livres pour chacun des mois de mai, juin, juillet & août, pendant leſquels ils ſont aſſujétis de ſervir au régiment auquel ils ſont attachés.

Anciennes réformes.

Les Officiers réformés qui étoient entretenus à la ſuite des régimens de Cavalerie françoiſe avant l'exécution de la réforme ordonnée les premier ſeptembre, 30 octobre 1748 & 15 mars 1749, y ſeront payés des appointemens par mois, qui leur ont été réglés, en ſervant toute l'année à leur corps, & paſſant préſens aux revûes.

CARABINIERS. Compagnies.

Chacune des quarante compagnies, qui compoſent les cinq brigades du régiment Royal-des-Carabiniers, réduites à trente Maîtres par ordonnance du 30 octobre 1748, ſera payée ſur le pied par jour, de ſix livres au Capitaine, trois livres au Lieutenant, trente ſols au Maréchal-des-logis, neuf ſols à chacun des deux Brigadiers, & huit ſols à chacun des vingt-huit Carabiniers, compris le Trompette & le Timbalier qui eſt en chacune des cinq compagnies Meſtre-de-camps.

Etat-major.

Sa Majeſté ayant conſervé par ſon ordonnance du 30 octobre 1748, les compagnies au Meſtre-de-camp Lieutenant dudit régiment, aux Chefs des cinq brigades, & aux Lieutenant-Colonels deſdites brigades; il ſera payé ſix livres par jour au Major de chacune deſdites brigades, & trois livres à l'Aide-major.

Lieutenans réformés de Cavalerie françoiſe & de Carabiniers.

Les Cornettes qui ont été ci-devant Maréchaux-des-logis, & qui, en conſéquence de l'article X de l'ordonnance du 30 octobre 1748, ont été entretenus en qualité de Lieutenans réformés à la ſuite des régimens de Cavalerie françoiſe & de Carabiniers, y ſeront payés de leurs appointemens, ſur le pied de vingt-cinq livres chacun par mois, en paſſant préſens aux revûes.

Régiment Irlandois de Filtzjames. Chacune des huit compagnies de trente Maîtres du régiment de Cavalerie Irlandoise de Filtzjames sera payée sur le pied par jour, de cinq livres au Capitaine, cinquante sols au Lieutenant, vingt-six sols huit deniers au Maréchal-des-logis, dix sols à chacun des deux Brigadiers, & neuf sols à chacun des vingt-huit Cavaliers, compris le Trompette & le Timbalier où il doit y en avoir.

Etat-major. L'Etat-major recevra, savoir, six livres treize sols quatre deniers au Mestre-de-camp; au Lieutenant-colonel six livres six sols huit deniers d'appointemens, & cinq livres à titre d'augmentation de traitement: lesquels Mestre-de-camp & Lieutenant-colonel ne doivent point avoir de compagnie, en conséquence de ce qui est réglé par l'ordonnance du 5 avril 1749; cinq livres au Major, & cinquante sols à l'Aide-major.

Officiers réformés. Les Officiers qui se sont trouvés dans le cas de la réforme ordonnée dans ce régiment le 15 mars 1749, & qui y ont été entretenus, y seront payés, savoir, chaque Capitaine réformé sur le pied de deux cens cinquante livres pour chacun des mois de mai, juin, juillet & août, pendant lesquels il doit servir au régiment; chaque Lieutenant réformé, qui étoit auparavant Lieutenant en pied, sur le pied de quarante-une livres treize sols quatre deniers par mois, en passant présent aux revûes; & chaque Lieutenant réformé qui étoit auparavant Cornette, à raison de vingt-cinq livres par mois, aussi en passant présent aux revûes, jusqu'à leur remplacement, savoir, les Capitaines à des compagnies, & les Lieutenans à des lieutenances.

Les Officiers réformés, qui étoient entretenus à la suite dudit régiment, avant la réforme qui y a été ordonnée les 30 octobre 1748, & 15 mars 1749, & qui y ont été conservés depuis, y seront payés ainsi qu'il est prescrit par l'article VII de l'ordonnance du 30 octobre 1748, savoir, chaque Capitaine sur le pied de deux cens cinquante livres par chacun des mois de mai, juin, juillet, & août, pendant lesquels il doit servir au régiment; & chaque Lieutenant à raison

1. Février 1751.

à raison de quarante-une livres treize sols quatre deniers par mois, en passant présent aux revûes.

Les Mestre-de-camps & Lieutenant-colonels entretenus à la suite dudit régiment, y seront payés à raison par mois, de cent vingt-cinq livres au Mestre-de-camp, & de cent livres au Lieutenant-colonel; à l'exception cependant des Mestre-de-camps & Lieutenant-colonels auxquels il auroit été réglé des appointemens différens, dont ils continueront de jouir, en conséquence des ordres particuliers qui leur ont été expédiés.

ROYAL-ALLEMAND. Compagnies.

Chacune des huit compagnies de trente Maîtres du régiment Royal-Allemand, sera payée sur le pied par jour, de six livres au Capitaine, trois livres au Lieutenant, trente sols au Maréchal-des-logis, neuf sols à chacun des deux Brigadiers, & sept sols à chacun des vingt-huit Cavaliers, y compris les Cadets, Trompettes & Timbalier où il doit y en avoir.

Cadets.

Il sera en outre payé un sol par jour à chaque Cadet qui passera en revûe dans le nombre desdits Cavaliers, sur le certificat du Commandant du régiment.

Etat-major.

L'Etat-major dudit régiment sera payé à raison de six livres treize sols quatre deniers au Mestre-de-camp, cinq livres à chacun des deux Lieutenant-colonels, indépendamment de leurs appointemens de Capitaine; huit livres six sols huit deniers à chacun des deux Majors, cinquante-trois sols quatre deniers à chacun des deux Aide-majors, vingt-six sols huit deniers au Maréchal-des-logis, trente-trois sols quatre deniers au Prevôt, vingt-six sols huit deniers à son Lieutenant, vingt sols au Greffier, vingt-six sols huit deniers à chacun des Aumônier & Chirurgien, & quinze sols à chacun des quatre Archers & un Exécuteur de justice.

RÉGIMENS de WIRTEMBERG & de NASSAU. Compagnies.

Les huit compagnies de trente Maîtres de chacun des régimens Allemands de Wirtemberg & Nassau-Saarbruck, seront payées chacune sur le pied par jour, de six livres au Capitaine, trois livres au Lieutenant, vingt-six sols huit deniers au Maréchal-des-logis, huit sols à chacun des deux

Brigadiers, & sept sols à chacun des vingt-huit Cavaliers, compris le Trompette & le Timbalier où il doit y en avoir.

Etat-major du régiment de Wirtemberg.

L'Etat-major du régiment de Wirtemberg recevra, savoir, trois livres six sols huit deniers au Mestre-de-camp, quarante sols au Lieutenant-colonel, indépendamment de leurs appointemens de Capitaine; huit livres dix sols au Major, trois livres à l'Aide-major, treize sols quatre deniers à chacun des Chirurgien & Auditeur, & sept sols six deniers à chacun des Greffier, trois Archers & un Exécuteur.

Etat-major du régiment de Nassau.

L'Etat-major du régiment de Nassau sera payé à raison de trois livres six sols huit deniers au Mestre-de-camp, quarante sols au Lieutenant-colonel, indépendamment de leurs appointemens de Capitaine; six livres treize sols quatre deniers au Major, deux livres treize sols quatre deniers à l'Aide-major, & treize sols quatre deniers au Chirurgien.

Officiers réformés.

Les Officiers qui se sont trouvés dans le cas de la réforme ordonnée les 30 octobre 1748 & 15 mars 1749, & qui ont été entretenus à la suite des régimens Royal-Allemand, Wirtemberg & Nassau, y seront payés, savoir, chaque Capitaine réformé, sur le pied de deux cens livres pour chacun des mois de mai, juin, juillet & août, pendant lesquels il doit servir au régiment; chaque Lieutenant réformé qui étoit auparavant Lieutenant en pied, sur le pied de trente-trois livres six sols huit deniers par mois, en passant présent aux revûes; & chaque Lieutenant réformé, qui de Maréchal-des-logis étoit parvenu au grade de Cornette, sur le pied de vingt-cinq livres par mois, aussi en passant présent aux revûes, jusqu'à leur remplacement, savoir, les Capitaines à des compagnies, & les Lieutenans à des lieutenances.

Les Officiers réformés, qui étoient entretenus à la suite de ces trois régimens, avant la réforme qui y a été ordonnée les 30 octobre 1748, & 15 mars 1749, & qui y ont été conservés depuis, y seront payés, ainsi qu'il est prescrit par l'article VII de l'ordonnance du 30 octobre 1748; savoir,

1. Fevrier 1751

51

chaque Capitaine sur le pied de deux cens livres par chacun des mois de mai, juin, juillet, & août, pendant lesquels il doit servir au régiment; & chaque Lieutenant sur le pied de trente-trois livres six sols huit deniers par mois, en passant présent aux revûes.

Les Mestre-de-camps & Lieutenant-colonels entretenus à la suite desdits trois régimens, y seront payés à raison par mois, de cent livres au Mestre-de-camp, & quatre-vingt-trois livres six sols huit deniers au Lieutenant-colonel; à l'exception cependant des Mestre-de-camps & Lieutenant-colonels auxquels il auroit été réglé des appointemens différens, dont ils continueront de jouir, en conséquence des ordres particuliers qui leur ont été expédiés.

HUSSARDS. Compagnies.

Les huit compagnies du régiment de Hussards de Berchiny, & les quatre compagnies de chacun des régimens de Turpin, Pollereczky, de nation Hongroise, & de ceux d'Apremont-Linden, Beausobre, Raugrave & Ferrary, seront payées sur le pied chacune par jour, de six livres au Capitaine, trois livres au Lieutenant, vingt-six sols huit deniers au Maréchal-des-logis, neuf sols à chacun des deux Brigadiers, & sept sols à chacun des vingt-trois Hussards, compris le Trompette ou le Timbalier.

Etat-major.

L'Etat-major de chacun desdits sept régimens, sera payé à raison de treize livres six sols huit deniers au Mestre-de-camp, dix livres au Lieutenant-colonel, tant pour leurs appointemens en ladite qualité, que pour leur tenir lieu de ceux de Capitaine, ne devant point avoir de compagnie; huit livres dix sols au Major, & treize sols quatre deniers au Chirurgien : l'Aide-major du régiment de Berchiny recevra trois livres par jour.

Officiers réformés.

Les Officiers réformés entretenus à la suite desdits régimens, y seront payés, savoir, les Capitaines Hongrois qui avoient des compagnies qu'ils ont perdues par la réforme ordonnée dans ces régimens le 30 novembre 1748, sur le pied de cinquante livres chacun par mois, en passant présens aux revûes; les Capitaines étrangers, d'autre nation que la Hongroiſe, qui avoient auſſi des compagnies qu'ils ont perdues par la même réforme, ſur le pied de quarante-une livres treize ſols quatre deniers auſſi chacun par mois; pareilles quarante-une livres treize ſols quatre deniers à chacun des Capitaines qui n'ont pas eu de troupe & qui ſont Hongrois; & trente-trois livres ſix ſols huit deniers à chacun des Capitaines étrangers d'autre nation que la Hongroiſe, qui n'ont pas eu auſſi de troupe, y compris dans ces deux dernières claſſes les Aide-majors qui ont été réformés en conſéquence de l'ordonnance du 30 novembre 1748: Les Officiers, ſoit de la nation Hongroiſe ou d'autre nation étrangère, qui ſont entretenus en qualité de Lieutenans réformés à la ſuite deſdits régimens, par la réforme du 30 novembre 1748, ou qui y étoient précédemment entretenus en ladite qualité, & qui y ont été conſervés, y ſeront payés à raiſon de vingt-cinq livres chacun par mois.

Dragons. Chacun des ſeize régimens de Dragons, composé de quatre compagnies à pied, & huit à cheval, ſera payé ſur le pied par jour, ſavoir:

Compagnies à pied. Chacune des quatre compagnies à pied, de ſoixante hommes, à raiſon de quatre livres dix ſols au Capitaine, quarante ſols au Lieutenant, trente ſols au Lieutenant en ſecond, douze ſols à chacun des trois Sergens, huit ſols ſix deniers à chacun des quatre Caporaux, ſept ſols ſix deniers à chacun des quatre Anſpeſſades, & ſix ſols ſix deniers à chacun des quarante-huit Dragons à pied & un Tambour. Le Capitaine recevra de plus cinq payes de gratification, de ſix ſols ſix deniers chacune, ſa compagnie étant compléte de ſoixante hommes, quatre à cinquante-neuf, trois à cinquante-huit, deux à cinquante-ſept, & une à cinquante-ſix; n'en pouvant prétendre aucune, ſa compagnie étant au deſſous dudit nombre de cinquante-ſix hommes.

Compagnies à cheval. Chacune des huit compagnies à cheval, de trente hommes, à raiſon de quatre livres dix ſols au Capitaine, quarante ſols au Lieutenant, vingt ſols au Maréchal-des-logis, ſept

1. Fevrier 1751.

53

ſept ſols ſix deniers à chacun des deux Brigadiers, & ſix ſols ſix deniers à chacun des vingt-ſept Dragons & un Tambour.

Etat-major.

L'Etat-major, à raiſon de dix livres au Meſtre-de-camp, huit livres ſix ſols huit deniers au Lieutenant-colonel, ſix livres treize ſols quatre deniers au Commandant des quatre compagnies à pied, leſquels trois Officiers n'ont point de compagnie; quatre livres dix ſols au Major, & deux livres dix ſols à chacun des deux Aide-majors, dont un affecté aux quatre compagnies à pied.

Colonel & Meſtre-de-camp général.

Le Colonel & le Meſtre-de-camp général conſervant leur compagnie, ils continueront de recevoir, indépendamment de leurs appointemens de Capitaine, les dix livres par jour qui leur ſont attribuées en qualité de Meſtre-de-camp.

Officiers en charge dans les compagnies du Colonel & Meſtre-de-camp général des Dragons.

Le ſecond Lieutenant, le Sous-lieutenant & le Cornette, entretenus dans la compagnie générale qui eſt dans le régiment du Colonel général des Dragons; & le ſecond Lieutenant & le Cornette entretenus dans la compagnie Meſtre-de-camp du régiment Meſtre-de-camp général des Dragons, ſeront payés ſur le pied par jour, de quarante ſols à chacun des deux ſeconds Lieutenans, de trente-trois ſols quatre deniers au Sous-lieutenant, & de trente ſols à chacun des deux Cornettes: Entendant Sa Majeſté que les charges de ſecond Lieutenant dans leſdites compagnies, ne ſoient point remplacées lorſqu'elles viendront à vaquer.

Officiers réformés.

Les Officiers qui, en conſéquence de l'ordonnance du premier ſeptembre 1748, ſe ſont trouvés dans le cas de la réforme, & qui ſont entretenus à la ſuite des régimens de Dragons, y ſeront payés des appointemens qui leur ſont réglés par ladite ordonnance, ſur le pied de cinq cens livres par an au Capitaine, & de deux cens quatre-vingt livres auſſi par an au Lieutenant, en paſſant préſens aux revûes.

A l'égard de ceux qui y étoient entretenus avant l'exécution de la réforme ordonnée le premier ſeptembre 1748, ils continueront d'y être payés des appointemens par mois qui leur ont été réglés, en servant toute l'année à leur corps, & passant présens aux revûes.

Volontaires de Frieze. Le régiment de Cavalerie légére des Volontaires de Frieze, ci-devant sous le nom des Volontaires de Saxe, réduit par ordonnance du 8 janvier 1751 à trois cens soixante hommes, non compris les Officiers & les Maréchaux-des-logis, & dont le traitement a été changé par la même ordonnance, sera payé sur le pied par jour, à commencer du premier février 1751, savoir:

Brigades. Chacune des six brigades, composée de soixante hommes, à raison de douze livres au Capitaine, quatre livres seize sols huit deniers au Capitaine en second, trois livres six sols huit deniers au Lieutenant en premier, deux livres treize sols quatre deniers au Lieutenant en second, trente sols au Maréchal-des-logis, huit sols à chacun des quatre Brigadiers, sept sols à chacun des quatre Sous-brigadiers, dix sols au Trompette, & six sols à chacun des cinquante-un Volontaires.

Etat-major. Et l'Etat-major, sur le pied de trente-neuf livres six sols huit deniers au Mestre-de-camp qui n'aura point de compagnie, dix-sept livres six sols huit deniers au Lieutenant-colonel qui n'aura point aussi de compagnie, treize livres au Major, cinq livres dix sols à l'Aide-major, quarante-trois sols quatre deniers à l'Auditeur, pareils quarante-trois sols quatre deniers à l'Aumônier, trois livres au Chirurgien-major, trente sols au Maréchal-des-logis tenant lieu de Fourrier; quarante sols au Prevôt, & pareils quarante sols au Timbalier & à chacun des quatre Hautbois, vingt-six sols huit deniers au maître Charpentier, & vingt-trois sols quatre deniers à chacun des six Charpentiers.

Au moyen du traitement réglé ci-dessus aux Capitaines chefs de brigade, Sa Majesté entend qu'ils ne puissent rien retenir sur la solde des Brigadiers, Sous-brigadiers, Trompettes & Volontaires, soit pour le ferrage des chevaux ou quelque autre chose que ce soit, qui demeurera à la charge desdits Capitaines. Ordonne de plus Sa Majesté, qu'ils soient tenus de fournir par année, à chacun des hommes de leur brigade, une paire de souliers, deux chemises, un col, & ce qu'il a été d'usage jusqu'à présent de leur donner, indépendamment de leur solde.

Masse de la Cavalerie & des Dragons.

Il sera donné (y compris le régiment des Volontaires de Frieze) outre la solde ci-dessus, qui sera payée sans aucun retranchement, dix deniers par jour pour chaque Brigadier, Cavalier, Carabinier, Hussard, Dragon, Volontaire, Trompette, Timbalier & Tambour, dont le fonds restera entre les mains du Trésorier, pour composer une Masse toûjours compléte destinée à l'habillement desdites troupes ; de laquelle le Trésorier donnera ses reconnoissances à la fin de l'année, à l'Officier chargé du détail desdits régimens & brigades ; l'une à titre de Grosse Masse, sur le pied de six deniers par Brigadier, Cavalier, Carabinier, Hussard, Dragon, Volontaire, Trompette, Timbalier & Tambour ; & l'autre à titre de Petite Masse, pour les quatre deniers restans : laquelle Masse sera payée sur la main-levée du Directeur ou Inspecteur général dans le département duquel lesdits régimens, brigades ou compagnies se trouveront, visée des Colonels généraux de la Cavalerie & des Dragons.

Défenses de faire aucune autre avance aux troupes que celles réglées par les ordonnances des 1.er & 3 juillet 1749, 1.er & 3 décembre 1750.

Sa Majesté, en confirmant ce qu'Elle a réglé par ses ordonnances des premier & 3 juillet 1749, & par celles des premier & 3 décembre 1750, portant règlement sur les revûes des Commissaires des guerres & les décomptes des Troupes, ordonne qu'elles continuent d'avoir leur exécution : Mais son intention est en même temps qu'il ne soit fait aucune autre avance aux troupes, sous quelque raison & pour quelque prétexte que ce puisse être, que celles réglées par lesdites ordonnances ; défendant Sa Majesté aux Intendans des provinces de son royaume, & aux Commissaires des guerres, de donner aucun ordre à cet effet, & aux Commis de l'Extraordinaire des guerres, de ne rien payer aux troupes au-delà de ce qui leur est réglé par les ordonnances, à peine d'en répondre en leur propre & privé nom; permettant seulement Sa Majesté auxdits Intendans & Commissaires des guerres, d'expédier des ordres pour faire donner des guêtres & des souliers à des recrues, dans un cas de nécessité indispensable dont ils se rendront certains, & il ne pourra être donné d'argent à cet effet, qu'à l'Officier, Sergent ou Soldat, chargé de la conduite de la recrue, qui sera muni d'un billet de l'Officier chargé du détail du régiment, justifiant le corps où il sert, & la signature de ce billet sera certifiée par le Trésorier du lieu où sera la troupe.

Pour le décompte des payes de gratification pendant le temps de la marche des troupes.

Sa Majesté étant informée qu'il y auroit eu quelque difficulté pour le décompte des payes de gratification pendant le temps que les troupes marchent par étape, & voulant y pourvoir, Elle ordonne que ce décompte soit fait par les Commis de l'Extraordinaire des guerres, pour le temps que la troupe aura été en route, sur la revûe de l'arrivée de cette troupe au lieu de sa destination, en se conformant pour ce décompte à ce qui est réglé par les ordonnances des premier, 3 juillet 1749, premier & 3 décembre 1750.

Fourrages.

L'intention de Sa Majesté est qu'il soit fourni une ration de fourrage par jour à chaque Brigadier, Sous-brigadier, Carabinier, Cavalier, Hussard, Dragon, Volontaire, Chasseur, Timbalier, Trompette, & Tambour des compagnies à cheval, les Officiers ne devant point en avoir, en se conformant à ce qui est prescrit par l'article IV de l'ordonnance du 3 juillet 1749, tant pour les troupes qui doivent être fournies en nature des magasins établis à cet effet, que pour celles qui se trouveront dans le cas d'avoir la disposition de leurs fourrages.

Prest des Cavaliers, Carabiniers, Hussards & Dragons.

Sa Majesté jugeant nécessaire qu'il reste à la fin de chacun des douze mois de l'année, quelque argent aux Cavaliers, Carabiniers, Hussards & Dragons, pour s'entretenir de linge, culotte, bas & souliers; & voulant que les choses demeurent réglées entre les Capitaines &

lesdits

leſdits Cavaliers, Carabiniers, Huſſards & Dragons, de manière qu'il n'y ait aucune difficulté ſur le décompte à faire entr'eux; Sa Majeſté ordonne que chaque Cavalier & Huſſard touche ſix ſols par jour pour ſa ſubſiſtance, chaque Carabinier ſept ſols, chaque Cavalier du régiment Irlandois de Filtzjames huit ſols, & chaque Dragon cinq ſols ſix deniers, ſur leſquels il ſera tenu d'entretenir le ferrage de ſon cheval; que le ſol de ſurplus reſtera entre les mains du Major, de l'Aide-major, ou Officier chargé du détail de chaque corps, qui leur délivrera tous les trois mois les quatre livres dix ſols à quoi cela montera, après avoir examiné s'ils ſont fournis de linge, culotte, bas & ſouliers; & s'ils en manquoient, il leur en fera faire l'emplette ſur ce fonds, & leur remettra exactement le reſtant s'il s'en trouve.

Entend Sa Majeſté ne point comprendre dans cette diſpoſition le régiment de Cavalerie des Volontaires de Frieze, dont les Brigadiers, Sous-brigadiers & Volontaires doivent recevoir leur ſolde ſans aucune déduction.

I X.

OFFICIERS RÉFORMÉS DANS LES PROVINCES.

Colonels & Lieutenant-colonels d'Infanterie françoiſe.

LES Colonels & Lieutenant-colonels réformés d'Infanterie françoiſe, qui par l'ancienneté de leurs ſervices doivent avoir des appointemens, continueront d'en être payés dans les provinces, ſur les états & ordres qui ſeront expédiés à cet effet, ſur le pied de neuf cens livres par an à chaque Colonel, & de ſept cens livres à chaque Lieutenant-colonel.

Meſtre-de-camps & Lieutenant-colonels de Cavalerie françoiſe.

Les Meſtre-de-camps & Lieutenant-colonels réformés de Cavalerie, retirés dans les provinces, auxquels Sa Majeſté a accordé des appointemens, continueront d'en être payés ſur les états & ordres qui ſeront expédiés à cet effet.

Meſtre-de-camps & Lieutenant-colonels de Dragons.

Les Meſtre-de-camps & Lieutenant-colonels réformés de Dragons, qui doivent avoir auſſi des appointemens par l'ancienneté de leurs ſervices, ſeront payés dans leur province, ſuivant les états & ordres qui ſeront envoyés, fur le pied de deux mille livres par an à chaque Meftre-de-camp qui a eu un régiment, mille livres à chacun des autres, & fix cens livres à chaque Lieutenant-colonel.

Officiers réformés Partifans, d'Infanterie, Cavalerie & Dragons, entretenus dans les Places.

Les Officiers réformés, tant d'Infanterie que de Cavalerie & de Dragons, entretenus dans les places en qualité de Partifans, feront payés en paffant préfens aux revûes, des appointemens qui leur ont été réglés, fuivant les états & ordres fignés du Secrétaire d'état ayant le département de la guerre.

Capitaines & Lieutenans réformés d'Infanterie, de Cavalerie & de Dragons, renvoyés dans leur province.

Les Capitaines & Lieutenans réformés d'Infanterie, de Cavalerie & de Dragons, ci-devant attachés à la fuite des régimens, ou entretenus à la réfidence des places, qui ont été renvoyés dans leur province, continueront d'y être payés de leurs appointemens, fur les états qui feront envoyés tous les fix mois aux Intendans defdites provinces, ainfi qu'il s'eft pratiqué par le paffé.

X.

DÉFEND Sa Majefté aux Officiers, Gardes-du-corps, Gendarmes, Chevaux-légers, Moufquetaires, Cavaliers, Carabiniers, Huffards, Dragons & Soldats, de prendre aucun fel dans les pays étrangers, ou dans ceux de l'obéiffance de Sa Majefté où la gabelle n'eft point établie, ni de fe charger d'aucun tabac ou autres marchandifes prohibées, pour tranfporter, vendre ou débiter, en telle manière que ce puiffe être, & à quelque perfonne que ce foit, dans les provinces du royaume; à peine aux Chefs & Commandans, de répondre fur les payes à eux ordonnées, & fur leurs biens, des dommages qui feroient faits aux fermes générales par ceux étant fous leur charge; & aux Gardes, Gendarmes, Cavaliers, Carabiniers, Huffards, Dragons & Soldats, d'être punis fuivant la rigueur des ordonnances contre les faux-fauniers. Défend auffi Sa Majefté à tous fes Sujets, de quelque qualité & condition qu'ils foient, de commettre le faux-faunage, ni d'affifter & favorifer en quelque forte que ce foit, les gens de guerre qui le commettront, auffi fur les peines des ordonnances.

1. février 1751

Défend encore Sa Majesté auxdits gens de guerre, d'aller, ni d'envoyer couper, abattre, ni prendre aucun bois dans les forêts & buissons, à qui que ce soit qu'ils appartiennent; d'y chasser à la campagne, en quelque lieu que ce puisse être; de tirer avec fusils ni autres armes à feu, sur les pigeons & sur le gibier, ni pêcher dans les étangs, à peine de punition corporelle : Voulant que les coupables des crimes ci-dessus soient punis par les Prevôts des Maréchaux, & à leur défaut par les juges ordinaires des lieux, selon la rigueur des ordonnances; sans que les gens de guerre puissent auxdits crimes alléguer aucune exception ni privilège, ni les juges y avoir égard.

MANDE & ordonne Sa Majesté aux Gouverneurs & Lieutenans généraux dans ses provinces, aux Gouverneurs de ses villes & places, à ceux qui y commandent, aux Intendans dans ses provinces & sur les frontières, aux Directeur & Inspecteurs généraux de ses troupes, aux Commissaires des guerres ordonnés à leur police, & à tous autres ses Officiers qu'il appartiendra, de tenir la main à l'exécution de la présente. FAIT à Versailles, le premier février mil sept cens cinquante-un. *Signé* LOUIS. *Et plus bas*, M. P. DE VOYER D'ARGENSON.

A PARIS,
DE L'IMPRIMERIE ROYALE.

M. DCCLI.

www.ingramcontent.com/pod-product-compliance
Ingram Content Group UK Ltd.
Pitfield, Milton Keynes, MK11 3LW, UK
UKHW022128170726
13837UKWH00003B/1436

9 782329 251134